매주 하루! 체험활동을 통한

정서행동장애 조기개입

Early Intervention for Children with
Emotional & Behavioral Disabilities

매주
하루! 체험활동을 통한

정서행동장애 조기개입

| 윤현숙 저 |

학지사

정서행동장애 조기개입은 우리 주변 아이들의 이야기다.

학대당하는 아이들 이야기, 어린 시절 왕따 당했다가 성인이 되어 잔혹한 보복을 했다는 이야기, 괴롭힘을 당하는 아이가 그 괴로움을 이기지 못하여 세상을 버렸다는 이야기. 우울한 아이들, 불안한 아이들, 외상 후 스트레스를 받아 매일 악몽을 꾼다는 아이들, 강박적인 아이들, 폭력적인 아이들, 산만한 아이들, 수많은 아이들 이야기들!

손에 잡히지 않은 아이들의 이야기는 가정에서, 어린이집에서, 유치원에서, 특수교육 장면에서 존재한다. 때로는 정서장애라고도 하고, 행동장애라고도 하고, 정서행동장애라고도 하는 아이들이 잘 이해받지 못하고, 다른 세상의 아이들처럼 취급받고 있다.

우리의 아이들이다.

4차 산업혁명에 걸맞은 전문인을 양성하고자 코딩교육이 강조되는 시대다. 사람의 손길이 절대적으로 필요한 아이들에게도 스마트 교육, 모바일 교육만이 강조되는 시대다. 함께 있어도 스마트폰으로 대화하는 세상이다. 언제 눈을 바라보고, 어떻게 친구들의 생각을 궁금해하고, 공감한다는 말인가.

이 책은 디지털 교육에서 보기 힘든 체험 중심의 프로그램에 도움을 주고자 고안되었다. 영유아, 학령기 초기의 사람의 손길이 필요한 정서행동장애의 조기개입을 위해 한 템포 느리게 가는 프로그램을 통해 편안하게 개입하게 하고 싶었다. 사용하는 어휘나 놀이 방법을 보면서 때로는 향수에 젖기를 바라본다. 어떤 부모님은 자신이 젊은 시절에 주로 경험했던 당시의 여러 사건을 떠올리며, 미소 짓기를 바란다.

교육은 경험의 이상도 이하도 아니다. 정서행동장애의 개념이나 바뀐 법령, 진단기준 등은 그 시대에 발맞추어 정확하게 확인하도록 하고, 프로그램은 조금은 천천히, 인

간의 향기를 풍기며, 소꿉놀이, 전통놀이, 게임을 통해 재미나게 놀았던 향수를 곱씹으며, 이 책이 쓰이길 바란다.

교사나 부모 입장에서 아동을 대하다 보면, 무엇을, 어디서부터 진행해야 할까 노심초사하기 마련이다. 이 책은 연중 주 1회의 시간만 할애하여, 52가지의 활동을 체험할 수 있도록 고안하였다. 실제로 프로그램을 개발하여 정서행동장애아동의 조기개입을 위해 적용하여 그 효과를 검증하고, 학회지에 출판한 검증된 프로그램이다.

선생님들이 직접 제작하여 사용한 교재 사진을 제시함으로써, 디지털 문화에 젖은 선생님과 가족들이 '이것쯤은 나도 할 수 있어!'의 자신감으로 다가가길 바란다. 그리고 프로그램을 살펴본 여러분도 '이 정도쯤이야!' 하고, 맞춤형 교재가 많이 나올 수 있기를 바란다.

처음 이 원고를 접한 10여 년 전에도, 지금도 김진환 사장님은 두말할 것 없이 출판을 선뜻 하락하셨다. 김순호 이사님은 신속하고 효율적으로 처리하셔서 빠르고도 정확하게 진행하셨다. 이세희 편집 담당 선생님은 불완전한 원고를 근사하게 수정, 교열해 주셔서 보기 좋고, 사용하기 편리한 좋은 책으로 만들어 주셨다. 감사드린다.

작은 시작이지만, 영유아 보육, 교육 장면에서 통합교육이 이루어지기를 바란다.

2019. 8. 31.

반야산 연구실에서

윤현숙

차례

차례

부록 DSM-5 정서행동장애 진단 편람

제 **1** 부

정서행동장애
이해

정서행동장애
이해

1. 정서행동장애의 개념

정서행동장애란 정서 및 행동상의 장애로 인하여 학습에 어려움을 갖는 사람이다. 우리나라 특수교육을 관장하는 「장애인 등에 대한 특수교육법」(2007) 제15조에서는 정서행동장애를 다음과 같이 정의하고 있다.

장기간에 걸쳐 다음 각목의 어느 하나에 해당하여, 특별한 교육적 조치가 필요한 사람으로,

가. 지적·감각적·건강상의 이유로 설명할 수 없는 학습상의 어려움을 지닌 사람

나. 또래나 교사와의 대인관계에 어려움이 있어 학습에 어려움을 겪는 사람

다. 일반적인 상황에서 부적절한 행동이나 감정을 나타내어 학습에 어려움이 있는 사람

라. 전반적인 불행감이나 우울증을 나타내어 학습에 어려움이 있는 사람

마. 학교나 개인 문제에 관련된 신체적인 통증이나 공포를 나타내어 학습에 어려움이 있는 사람

조기개입은 특정 연령을 지칭하지는 않지만 빠를수록 좋다. 보통 말하는 조기개입은 학령기 이전을 의미한다.

어린 시절 정서행동장애아동은 개념이 쉽게 다가오지 않고, 관찰하기 어렵다. 아동은 부모나 어린이집 교사, 유치원 교사에게 때로는 말이 없거나 지나치게 조용한 아이로 비쳐지기도 하고, 때로는 지나치게 산만하고 떼를 많이 써서 도와주기 어려운 아이로 생각되기 쉽다.

다음과 같은 어려움을 보이고 잘 관찰하였다가 발달에 영향을 미칠 만큼 염려된다면, 가까운 소아청소년 정신의학과나 각 교육지원청 특수교육지원센터를 찾으면 도움을 받을 수 있다.

(1) 지적 · 감각적 · 건강상의 이유로 설명할 수 없는 학습상의 어려움을 지닌 아동

정서행동장애아동은 지적인 이유로 설명할 수 없는 학습상의 어려움을 지닌 다. 반면, 지적장애나 감각적, 건강상의 이유로도 학습하기가 어렵다. 지적장애는 발달기에 나타나고, 지적 발달과 적응상의 어려움이 있어 학습에 어려움을 겪는 장애를 말한다. 전반적으로 다른 또래에 비해 발달이 느리고, 가르치기 어렵다. 감각장애는 시각장애나 청각장애로 인해 배우기 어려운 경우를 의미한다. 이밖에도, 여러 질병으로 인해 잦은 입원을 하거나 건강상의 문제로 학습상의 어려움을 보이기도 한다.

(2) 또래나 교사와의 대인관계에 어려움이 있어 학습에 어려움을 겪는 아동

정서행동장애아동은 또래와의 관계 형성을 주 이유로 학습에 어려움을 겪는다. 대표적인 예로 친구들과 사귀기 어려워서 사회성 개발에 불리하거나, 거부당하거나 제외당하는 상황에서의 적응이 어렵다. 친구와의 관계 형성의 어려움은 다양한 정보를 습득하고 상호작용 가운데서 습득해야 할 학습에 어려움을 겪을 수 있다. 정서행동장애아동은 교사와의 대인관계에 어려움이 있어 학습에 어려움을 겪기도 한다. 규칙이 지나치게 엄격하거나 방임하는 교사의 경우에도 학습에 어려움을 초래할 수 있다.

(3) 일반적인 상황에서 부적절한 행동이나 감정을 나타내어 학습에 어려움이 있는 아동

정서행동장애아동은 특별하지 않은 상황에서 부적절한 행동을 나타내며 이로 인하여 학습에 어려움이 있는 아동이다. 행동장애는 다양한 형태의 문제행동으로 나타날 수 있다. 여러 TV나 신문 등 매체에서는 아동기 행동장애를 다양한 솔루션과 함께 다루고 있다.

일반적으로 보통의 발달 단계에서 아동의 기질이나 상황에 따라 행동문제를 보일 수도 있으나, 정서행동장애아동은 특별하지 않은 상황에서 부적절한 감정을 나타내어 학습에 어려움이 있는 아동이다.

(4) 전반적인 불행감이나 우울증을 나타내어 학습에 어려움이 있는 아동

정서행동장애아동은 전반적으로 기분이 처지거나 우울해하는 정서를 보인다. 어린 아동의 경우 불행감이나 우울한 느낌은 성인과 달라서, 이유 없이 짜증이 많거나 화를 많이 내는 것으로 표출할 수도 있다. 다른 아이들보다 전반적으로 기운이 없고 우울해 보이는 경우를 잘 관찰해야 한다.

(5) 학교나 개인 문제에 관련된 신체적인 통증이나 공포를 나타내어 학습에 어려움이 있는 아동

정서행동장애아동은 때로 꾀병을 부린다고 오해받기 쉽다. 특별한 이유가 없는데도 머리가 아프다고 하거나 쉽게 토할 수도 있다. 어린이집이나 유치원에 가기 싫어한다면, 특별히 무서워하는 상황이 있는지 점검하여 원인을 파악하여 돕도록 하고, 이해하기 어렵거나 생활하기 어려울 정도로 심각하다면 가까운 병원이나 특수교육지원센터에 의뢰하는 것이 좋다.

TIPS ///

미국 「장애인교육법」의 정서장애

'정서장애(emotional disturbance)'는 다음과 같이 정의된다.

(i) 이 용어는 다음의 다섯 가지 특성 중 하나 이상을 교육적 수행에 불리한 영향을 줄 만
   큼 장기간에 걸쳐 현저한 정도로 보이는 상태로,

   (A) 지적, 감각적, 건강상의 요인에 의해 설명할 수 없는 학습 문제

   (B) 또래 및 교사와 만족할 만한 대인관계를 형성, 유지하지 못함

   (C) 정상적인 상황에서 부적절한 행동이나 감정을 보임

   (D) 늘 불행해하고 우울해함

   (E) 개인적인 또는 학교문제와 관련하여 신체적 증상, 통증, 두려움을 보임

(ii) 조현병을 포함하며, 정서장애라고 판명되지 않는 한 사회부적응 아동은 포함하지
   않는다.

2. 정서행동장애 종류

　정서행동장애아동은 보통 의료기관에서 진단을 받게 되겠지만, 어린이집이나 유치
원에서는 어린 아동이므로, 진단명보다는 행동 특성을 파악하는 것이 도움 될 수 있다.
정서행동장애는 겉으로 드러나지 않으면 내재화 장애, 겉으로 드러나는 외현화 장애로
구분할 수 있다.

1) 내재화

내재화는 겉으로는 드러나지 않으나 심각한 정서행동 문제가 염려되는 경우를 말한다. 가정이나 현장에서는 조용한 아이로 생각하기 쉽고, 시간이 지나면 괜찮아질 것으로 생각하기 쉬우므로 시간을 두고 자세하게 관찰해야 한다.

(1) 불안하고 우울한 아동

정서적으로 우울하고 지나치게 걱정이 많은 아동이다. 잘 울고 외롭다고 말한다.

(2) 위축되고 우울한 아동

수줍음이 많고 혼자 있기 좋아하며 소극적인 특성을 보인다. 다른 사람과 있는 것보다는 혼자 있는 것을 좋아하며, 말을 하지 않으려고 한다.

(3) 신체 증상

뚜렷한 의학적인 이유 없이 신체 증상을 호소한다. 몸이 여기저기 아프다고 하거나 머리가 아프다고 한다. 때로는 매스껍다고 하기도 하고 실제로 토하는 행동을 보이기도 한다. 눈의 이상을 호소하는 행동으로 표현하기도 한다. 꾀병을 부린다고 생각하기 쉬우나 실제로 어려움이 있을 수 있으므로, 가까운 정신의학과를 꼭 방문하여 건강 여부를 살펴야 한다.

2) 외현화

가정에서는 철이 덜 들었다거나 활달한 아이로 생각하기 쉬워, 부모가 어린이집이나 유치원에서 정서행동장애가 의심된다고 하면, 부모는 인정하기 어렵다. 현장에서는 과다한 행동으로 집중하기 어렵고, 산만하다고 말한다. 싸움을 자주 걸어서 친구들을 자주 울리기도 한다. 다음의 문제가 반복되고 생활에 곤란할 정도로 심각하면 가까운 소아정신의학과를 찾아가서 상담을 받도록 부모에게 권한다.

(1) 사회적 미성숙

나이에 비해 어리게 행동하거나 어른에게 의지하려고 한다. 나이에 비해 어리광이 많고 혼자 노는 것을 더 좋아한다. 부모나 선생님에게 착 달라붙어 있어서 다른 아이들을 돌보기조차 어렵다.

(2) 사고 문제

같은 방식을 고집하느라 부모나 선생님과 실랑이를 자주 벌인다. 때로 벽에 대고 말을 하거나 누군가 대화를 하기도 한다. 악취 냄새가 난다고 한다. 이상한 소리를 내거나 표정을 지으면서 기이하게 웃는다. 누가 쫓아온다고 말하기도 하고 때로는 무서워하기도 한다. 헛것을 볼 때가 있다.

(3) 주의집중 문제

산만하게 왔다 갔다 하고, 몸을 가만두지 못한다. 집중력이 없고 어떤 일에 오래 주의를 기울이지 못한다. 경청하지 않고, 질문에 엉뚱한 대답을 하기도 한다. 소지품을 자주 잃어버리고, 다른 친구들의 놀이를 자주 방해하기도 한다. 때로는 수다스러울 정도로 말을 많이 하기도 한다.

(4) 규칙 위반

자주 거짓말을 하거나 어린 나이에도 불구하고 부모의 허락 없이 가출하기도 한다. 때로 물건을 훔치기도 하고 돈을 훔치기도 한다. 어른에게 자주 대들기도 하고, 싸움을 걸기도 한다. 규칙과 무관하게 교실 밖으로 나가거나 순서를 따르지 않고 놀이를 하겠다고 떼를 쓰는 행동을 자주 보인다.

(5) 공격 행동

친구와 잦은 싸움을 일으킨다. 때리거나 발로 차기 등의 공격적 성향을 자주 보이고, 입을 꼭 다물고 아무 말도 하지 않으려 하거나 문을 꽝 닫는 등의 수동적 공격 성향을 보이기도 한다. 친구에게 잔인한 짓을 하거나 자주 괴롭히고 못살게 군다. 자기 물건을 부수는 파괴 성향을 보이기도 한다.

(6) 기타

손톱을 깨물거나 머리카락 뽑기 같은 다른 행동을 관찰한다. 활동 중 갑자기 잠에 들어서 깨울 수가 없다. 음식을 먹지 않겠다고 거부하거나 지나치게 먹겠다고 떼를 쓰기도 한다.

TIPS ///

병원에서 자주 진단받는 정서행동장애

1. 불안장애

1) 분리불안장애

2) 범불안장애

3) 공황장애

4) 특정공포증

5) 사회불안장애

2. 외상 및 스트레스 관련 장애

1) 외상후 스트레스장애

2) 반응성 애착장애

3. 강박-충동 및 관련 장애

1) 강박-충동장애

2) 신체이형장애

4. 회피적/제한적 음식섭취장애와 섭식장애

1) 이식증

2) 되새김장애

3) 거식증

4) 폭식증

5. 배설장애

1) 유뇨증

2) 유분증

6. 수면장애

1) 잠들기 문제

2) 수면-각성장애

7. 기분장애

1) 우울장애

2) 양극성장애

8. 품행장애

9. ADHD

10. 기타

3. 정서행동장애 발견하기

가정이나 아동전문기관에서 정서행동장애아동을 발견하기는 쉽지 않다. 그러나 아동이 사회화의 첫걸음인 가정을 벗어나면 어린이집이나 유치원 같은 아동전문기관은 정서행동장애아를 조기발견하기 위하여 노력해야 한다. 다음은 정서행동장애로 의심되는 아동에게 보호자와의 면담을 통해 발달사를 알아보기 위한 참고자료다.

(1) 아동의 출생 전과 출생 시에 비전형적인 문제
- 무산소증
- 난산

(2) 아동이 성장하면서 보인 발달 정보
- 목 가누기
- 앉기
- 걷기
- 말하기
- 배변훈련
- 급식훈련

(3) 아동의 신체적 정보
- 뇌손상
- 뇌막염
- 뇌염
- 질병
- 중독
- 고열

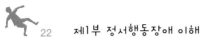

● 영양실조에 따른 신경학적 손상 여부

● 급식, 섭식

● 수면장애 유무

● 일반적 활동수준이 연령과 발달수준에 적합하였는지 여부

(4) 아동의 연령이나 발달수준에 맞는 사회성

● 사회적 발달

● 또래관계

● 지나치게 위축되거나 수줍어하는지 여부

● 지나치게 주의산만하거나 과다행동은 보이지 않는지 여부

(5) 건강문제 여부

● 천식

● 알레르기

● 당뇨

● 심장 상태

● 약물 투여가 필요할 정도의 건강 악화 여부

(6) 부모와 친인척의 정신건강 문제 여부

● 가족의 구성(한부모 가정, 재혼가정)

● 형제자매의 수, 연령, 성별

● 스트레스 사건 유무

(7) 기타 걱정거리

TIPS ///

정서행동장애를 지닌 특수교육 대상자

정서행동장애를 지닌 특수교육 대상자는 다음과 같은 행동을 나타낼 수 있습니다.

문항별로 아동에게 해당되는 모든 항목에 V표를 해 주시기 바랍니다.

Ⅰ. 대인관계 형성

검사 문항	자주 나타남	가끔 나타남	나타나지 않음
① 혼자 있거나 혼자서 논다.	2	1	0
② 또래와 상호작용을 적절하게 유지하지 못한다.	2	1	0
③ 또래 또는 교사와 이야기하는 것을 회피한다.	2	1	0
④ 단체 활동에 참가하는 것을 회피한다.	2	1	0
합계			
총점			

Ⅱ. 부적절한 행동이나 감정

검사 문항	자주 나타남	가끔 나타남	나타나지 않음
① 부주의로 인해 학업 및 놀이 활동에서 실수를 저지른다.	2	1	0
② 수업시간에 손발을 가만히 두지 못하거나 의자에 앉아서도 몸을 움직거린다.	2	1	0
③ 학교 규칙을 위반하는 행동을 한다.	2	1	0
④ 사람 및 동물에게 공격 행동을 한다.	2	1	0
합계			
총점			

III. **불행감이나 우울감**

검사 문항	자주 나타남	가끔 나타남	나타나지 않음
① 슬프거나 공허한 표정 등의 우울한 기분을 보인다.	2	1	0
② 일상 활동에 대한 흥미나 즐거움을 느끼지 못한다.	2	1	0
③ 집중력이 떨어지거나 결정 내리기를 어려워한다.	2	1	0
④ 자존감이 낮거나 지나친 죄책감을 보인다.	2	1	0
합계			
	총점		

IV. **신체적인 통증이나 공포**

검사 문항	자주 나타남	가끔 나타남	나타나지 않음
① 새로운 환경이나 낯선 사람과 있을 때 무서워한다.	2	1	0
② 특정 동물, 사물, 장소 등을 지나치게 무서워한다.	2	1	0
③ 친구들 앞에서 발표하는 것을 불안해하거나 고통스러워한다.	2	1	0
④ 특별한 질병이 없는데도 신체적 고통을 호소한다.	2	1	0
합계			
	총점		

V. **학업성취수준**

*학생의 학급에서의 학업성취수준	상	중	하

진단검사의 의뢰 대상: 다음 ①, ②의 두 조건을 모두 만족하는 경우

① I, II, III, IV 중 최소한 어느 한 영역에서 4점 이상

② V 학업성취수준 이하인 학생

* 예 1: I 영역이 2점, II영역이 1점, III영역이 0점, IV영역이 1점으로서 총점이 4점인 경우는 진단검사 의뢰 대상이 아님

* 예 2: II영역의 총점이 4점이고, 학업성취수준이 상인 경우는 진단검사 의뢰 대상이 아님

출처: 노선옥 외(2009), pp. 33-36.

4. 정서행동장애 돕기

심한 정서행동장애아동을 직접 돕기는 쉽지 않다. 다른 아동들의 경우에도 때로는 기분의 변화가 있고, 불안하며, 문제행동을 보일 수 있기 때문이다. 발달에 심각한 어려움이 예견된다면 전문인에게 의뢰하여 진단받도록 하는 것이 선행되어야 할 개입이다.

의료기관이나 특수교육지원센터에서 정서행동장애로 진단되었다면, 아동전문기관이나 가정은 직접 도와야 할 서비스 제공기관이다. 자료의 적절한 수정만 있다면 장애의 유무와 상관없이 가정에서도 얼마든지 도울 수 있고, 심지어 사회성, 의사소통, 인지영역 등에서는 어느 환경보다 가정이 효과적이다. 따라서 가정이나 아동전문기관에서 쉽게 도울 수 있는 교재 사용은 조기개입을 위해 매우 중요한 의미를 갖는다.

이 책은 실제 임상 현장에서 프로그램으로 고안하여 효과가 검증된 내용을 원 자료로 구성하였다. 주 1회의 프로그램을 통해 아동은 나를 둘러싼 환경을 이해할 수 있다. 1년간 52주를 통해 차근차근 프로그램을 진행하게 되면 나를 이해하고, 친구, 동네, 나라, 세계 등 단계적으로 지역사회를 체험할 수 있을 것이다.

프로그램을 구성하기 위해 발달교수, 발달치료에 근간을 두고 지역사회를 중심으로 실질적으로 개입할 수 있도록 하였다. 아동은 발달 접근을 통해 현재 발달수준에 맞는 자료와 도구를 자연스럽게 접할 수 있다.

자료 기반은 지역사회를 중심으로 개발하였는데, 동네 편의점, 세탁소, 유치원, 지하철, 남산 서울타워 등 자연스러운 자극을 매일 반복되는 루틴을 통해 제공할 수 있어서 자연스럽게 일반화할 수 있도록 하였다.

또한 개입 프로그램을 가정과 연계할 수 있도록 제작하기 쉽고 안내하기 편한 자원을 활용하였다. 종이컵을 사용하여 허수아비(제5주)를 만들거나 사회적 이야기(제49주)를 통해 있을 수 있는 지하철 광경 등을 예로 들 수 있다.

칭찬은 아무리 강조해도 지나치지 않다. 하지만 다른 아동을 괴롭히고 때리는 상황에서 무턱대고 칭찬만 할 수는 없는 노릇이다. 아동의 문제행동은 이유 없이 일어나지 않는다. 이유를 알아내기 위한 분석 방법을 기능분석이라고 한다. 아동 개개인별로 같

은 문제행동도 원인이 다르고, 이에 따라 대처할 방법이 다르다. Tips에 제시된 동기
평가척도는 아동의 문제행동의 동기를 파악하여 목적에 따라 도울 수 있도록 구성되
어 있다.

이 장의 정서행동장애를 위해 사용된 프로그램[일명 예스-빌, YEI-CBIL-TFS: (YOON'S
EARLY INTERVENTION COMMUNITY-BASED INSTRUCTION AND LEARNING FOR TEACHERS
AND FAMILY SUPPORT)]을 다이어그램으로 제시하면 [그림 1]과 같다.

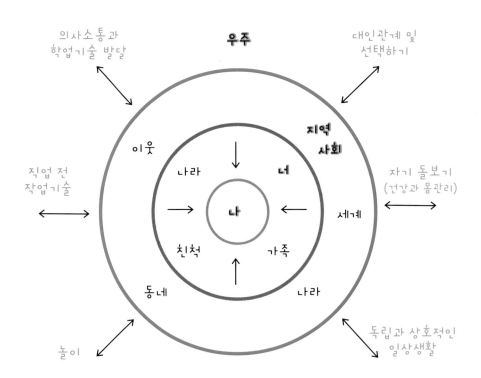

[그림 1] 예스-빌 구조

1) 발달적 접근

예스-빌의 제1축은 발달치료, 발달교수다. 정서행동장애의 일탈이나 부적절한 발달은 정상적인 발달에 토대를 두고 있기 때문이다. 인간의 초기 발달을 수정부터 강조하는 것은 장애로 인한 행동문제를 살펴보아야 하기 때문이다. 태어나기 이전 영양관리나 정서적인 관리, 약물, 질병에 대한 관리 등 산전관리의 중요성은 아무리 강조해도 지나치지 않는다. 태어나는 과정에서 있을 수 있는 가능성을 차단하는 것이 중요하다. 이를 위해서는 산전관리를 통해 보건소, 병원 등의 주치의와 의논하는 문화가 절실하다.

발달에 대해서는 여러 의견이 있겠지만, 대체적으로 수정된 순간부터 사망까지의 전 생애에 걸친 인간행동의 변화로 정의할 수 있다.

인간발달은 여러 견해가 있지만, 대체적으로 다음과 같이 분류한다.

1. 태아기: 임신에서 출산까지
2. 영아기와 걸음마기: 태어나서 2세까지
3. 학령전기: 2세부터 6세까지 입학 전 시기
4. 아동 중기: 6세부터 12세까지
5. 청소년기: 12세부터 20세까지
6. 성인 초기: 20세부터 40세까지
7. 중년기: 40세에서 65세까지
8. 노년기: 65세 이상

초기 발달검사를 이해하기 위해서는 게젤 검사를 활용하여 보건소나 소아과에 방문하여 아동의 현재 발달 상황을 점검할 필요가 있다. 대체적으로 프로그램을 고안하기 위한 발달이정표는 다음과 같다.

정상운동발달의 규준은 다음과 같다.

기술	시기
배를 대고 엎드린 채로 90° 들기	3.2개월
구르기	4.7개월
받치고 앉기	4.2개월
도움 없이 앉기	7.8개월
붙잡고 서기	10개월
기기	9개월
붙잡고 걷기	12.7개월
짝짜꿍 놀이	15개월
잠시 동안 혼자 서기	13개월
혼자서 잘 서기	13.9개월
잘 걷기	14.3개월
2개의 적목으로 탑 쌓기	19개월
걸어 올라가기	22개월
공을 앞으로 차기	14개월

인지발달의 규준은 다음과 같다.

기술	시기
시각적 주의집중	6개월
응시하기	18개월
따라 보기	15개월
대상항구성	21개월
읽기 − 그림 쳐다보기	8개월
− 물체와 그림 짝짓기	14개월
− 그림의 여러 부분을 선택적으로 보기	16개월
− 친숙한 그림 이름 말하기	18개월
− 그림에서 동작 구별하기	30개월
경청하기 − 그림책 읽어 달라고 요구하기	18개월
− 50단어 포함 15분 집중하기	30개월
색 − 사물의 같은 색 짝짓기(자발적)	28개월
− 듣고 상자에서 두 가지 색 집어내기	30개월
형태 − 사물의 모양대로 찾기	9개월
− 원, 네모, 세모, 마름모 중 1:2로 제시할 때 찾기	28개월
분류 − 사물	30개월
짝짓기 − 1:1 대응	30개월
크기 − 분류	27개월
− 크기 지적	28개월

사회성발달의 규준은 다음과 같다.

기술	시기
얼굴 쳐다보기	출생 시
어르면 웃기	1.5개월
먼저 웃기	2.1개월
아기 손 쳐다보기	4개월
장난감에 손 뻗기	5.9개월
과자를 손에 쥐고 먹기	6.5개월
짝짜꿍 놀이하기	11.4개월
원하는 것 가리키기	12.9개월
빠이빠이 인사하기	11.4개월
공굴리기 놀이하기	15.7개월
집안일 모방하기	16개월
컵으로 마시기	17.1개월
집안일 돕기	17.3개월
숟가락 사용하기	19.9개월
옷 벗기	23.9개월
도움 받아 이 닦기	2세 7개월
세수하기	3세 1개월
친구 이름 말하기	4세 5개월
셔츠 입기	3세 4개월
카드 게임	4.9개월
시리얼 준비하여 먹기	5.1세

언어발달의 규준은 다음과 같다.

연령(세)	음운	의미	문법, 구문론	화용론
0~1세	언어에 대한 수용성과 소리에 대한 구분, 옹알이는 모국어를 닮기 시작	다른 사람의 언어에서 억양 단서의 해석, 비언어적 몸짓이 나타남. 개별적 단어들의 이해는 거의 없음	단계 구조의 선호와 모국어의 패턴을 강조	양육자와 사건과 사물에 공동주의, 게임과 언어화에서 차례 지키기, 비언어적 몸짓의 등장
1~2세	단어 발음의 단순화를 위한 전략 등장	첫 단어 등장. 18개월 이후의 어휘들의 급격한 확장. 단어 이해의 과잉확장과 과잉축소	일어문이 두단어 전보문이 됨. 문장은 구분되는 어의적 관계를 표현. 몇 가지 문법적 형태소의 습득	메시지를 명확히 하기 위한 몸짓과 억양 단서의 사용. 언어적 차례 지키기, 규칙이 풍부한 이해, 아동의 언어에서 예의의 최초 신호
3~5세	발음의 증진	어휘 확장, 공간관계의 이해와 언어에서 공간적 단어 사용	문법적 형태소가 정규문장에 첨가, 대부분의 변형문법을 인식	비관용 의도의 이해가 시작, 언어를 서로 다른 청자에 약간의 적용, 애매한 메시지를 명확히 하기 위한 몇 가지 시도

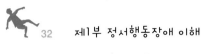

정서발달의 규준은 다음과 같다.

연령(세)	정서표현/조절	정서이해
출생~6개월	모든 일차적 정서가 나타남. 긍정적 정서의 표출이 격려되고 보다 일반적이 됨. 손가락을 빨거나 혹은 고개를 돌림으로써 부정적 정서를 조절하려는 시도	기쁨, 분노, 슬픔과 같은 얼굴표정을 구분
7~12개월	분노, 공포, 슬픔과 같은 일차적 정서를 보다 분명하게 보임. 정서적 자기조절이 증진. 영아는 스스로 몸을 흔들거나 물건을 빨거나 혹은 불쾌한 자극으로부터 멀리 떨어짐	다른 사람의 일차적 정서인식이 증진, 사회적 참조가 등장
1~3세	이차(자기-인식) 정서가 등장. 정서조절이 증진, 걸음마기 유아는 그들을 짜증나게 하는 자극들로부터 스스로 거리를 두거나 혹은 조절하려는 시도	걸음마기 유아는 정서에 대해 말하기 시작하고 정서가 놀이행동에 등장. 감정이입적 반응이 등장
3~6세	정서조절을 위한 인지적 전략의 등장과 세련화 정서를 감추거나 간단한 표출 규칙과 일치	정서의 외적 원인과 결과의 이해가 증진. 감정이입적 반응이 보다 공통적이 됨

2) 지역사회 기반 교수

　예스–빌에서 주요 축으로 갖는 지역사회 기반 교수는 정서행동장애 개입의 궁극적인 목표를 더불어 살아가기로 설정했기 때문이다.

　지역사회 기반 교수는 나를 둘러싼 환경의 이해로부터 출발한다. 나를 알고, 너를 이해하는 과정을 통해 상호작용을 활성화할 수 있다. 이를 바탕으로 동네, 국가, 세계, 우주와 시공간을 초월한 자연의 변화를 알게 되는데, 이 과정은 결국 나를 알아가는 순환과정이다.

　예스–빌의 지역사회 기반 교수의 틀을 제시하면 다음과 같다.

(1) 나
　활동 2. 선택하기(어떤 요리를 해 볼까?)

　활동 5. 허수아비 만들기

　활동 18. 그림 보고 위치 바꾸기

　활동 20. 무슨 무늬일까?

　활동 22. 내가 가족을 위해 할 수 있는 일

　활동 23. 자랑하고 싶은 이야기

　활동 30. 병뚜껑 브로치 만들기

　활동 44. ○× 게임

　활동 46. 과일과 야채가 우리 몸에 주는 것

　활동 47. 계절에 어울리는 음식

　활동 48. 내가 되고 싶은 것

　활동 49. 사회적 이야기

　활동 51. 어떤 기분일까?

　활동 52. 친구에게 추천하기

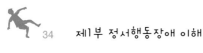

(2) 너

활동 2. 선택하기(어떤 요리를 해 볼까?)

활동 4. 편지 쓰기

활동 6. 종이컵 농구

활동 8. 수건에 도장 찍기

활동 9. 마음을 전하는 우체통

활동 10. 빨대 탁구공 불기

활동 12. 넌 누구니?

활동 13. 친구 알아맞히기

활동 14. 스무고개

활동 15. 앙케트로 친구 알아맞히기

활동 16. 친척 그래프

활동 21. 아빠의 손

활동 22. 내가 가족을 위해 할 수 있는 일

활동 44. ○× 게임

활동 49. 사회적 이야기

활동 50. 친구 얼굴 그리기

활동 51. 어떤 기분일까?

활동 52. 친구에게 추천하기

(3) 우리

활동 1. 우리 마을 말판 게임

활동 9. 마음을 전하는 우체통

활동 11. 여행지 확인하기

활동 16. 친척 그래프

활동 17. 무슨 뜻일까?

활동 21. 아빠의 손

활동 22. 내가 가족을 위해 할 수 있는 일

활동 26. 옛날에는………

활동 29. 약도 말하기

활동 39. 서울 지도 확인하기

활동 49. 사회적 이야기

(4) 나라

활동 3. 나라 이름 빙고 게임

활동 24. 나라를 대표하는 음식

활동 25. 나라를 대표하는 옷이 있어요!

활동 27. 나라를 대표하는 노래가 있어요!

활동 28. 자랑스러운 태극기

활동 32. 우리나라의 말과 글

활동 33. 외국인 친구에게 우리나라 자랑하기

(5) 세계

활동 3. 나라 이름 빙고 게임

활동 33. 외국인 친구에게 우리나라 자랑하기

활동 34. 다른 나라 인사법

활동 35. 세계의 여러 나라 글자

활동 36. 어떤 나라일까?

(6) 무주와 자연

활동 5. 허수아비 만들기

활동 6. 종이컵 농구

활동 7. 종이컵 동물극장

활동 10. 빨대 탁구공 불기

활동 19. 나무 이름 말하기

활동 26. 옛날에는……

활동 30. 병뚜껑 브로치 만들기

활동 31. 여러 가지 꽃

활동 37. 우리 주변 자연 알기

활동 38. 환경오염 예방

활동 40. 겨울이 좋은 이유

활동 41. 동물이 우리에게 주는 것

활동 42. 어디에 살까?

활동 43. 가축과 야생동물

활동 45. 동물 분류하기

TIPS ///

동기평가척도(Motivation Assessment Scale: MAS)

이름: 평정자: 날짜:

문제행동기술

지시 사항: 먼저 걱정되는 문제행동을 선택하여 최대한 구체적으로 기술하십시오. 예를 들어, '공격적이다'라고 표현하기보다는 '옆 친구를 때린다'로 기술하는 것이 좋습니다. 평가할 행동을 구체적으로 기술했으면 다음의 각 문항을 주의 깊게 읽고 그 행동을 가장 잘 묘사하는 것으로 생각되는 점수에 ∨ 표 하시오.

질문	대답
1. 아동이 오랫동안 혼자 있을 때 문제행동을 계속 합니까?	0 1 2 3 4 5 6
2. 어려운 과제를 시키면 바로 문제행동을 합니까?	
3. 당신이 다른 사람과 이야기를 하면 문제행동을 합니까?	
4. 아동이 갖고 있지 않은 장난감, 음식, 활동을 하기 위해 문제행동을 합니까?	
5. 아동이 오랫동안 혼자 있을 때 같은 방식으로 반복해서 문제행동을 합니까? (예: 1시간 이상 의자를 앞뒤로 흔든다.)	
6. 아동에게 과제를 하라고 요구했을 때 문제행동을 합니까?	
7. 아동에게 관심을 보이지 않을 때마다 문제행동을 합니까?	
8. 아동이 좋아하는 음식, 장난감, 혹은 활동을 빼앗았을 때 문제행동을 합니까?	
9. 아동이 문제행동을 즐기는 것으로 보입니까? (좋아하는 것을 느끼고, 맛보고, 보고, 냄새 맡고, 소리 듣기)	
10. 아동에게 어떤 것을 요구할 때 거부하거나 화를 냅니까?	
11. 아동에게 관심을 가지지 않을 때 거부하거나 화를 냅니까? (예: 당신이 다른 방에서 다른 아동들과 무엇인가를 하고 있다.)	

질문	대답
12. 아동에게 음식, 장난감 혹은 활동을 주면 바로 문제행동을 멈춥니까?	0 1 2 3 4 5 6
13. 문제행동이 일어날 때 아동은 주변에서 일어나는 일을 알지 못합니까?	
14. 아동과 함께 작업하던 것을 멈추거나 아동에게 요구했던 것을 멈춘 후(1~5분), 바로 행동이 멈춥니까?7	
15. 아동이 당신과 함께 시간을 보내기 위해 문제행동을 합니까?	
16. 아동이 원하는 것을 할 수 없다는 것을 알았을 때 문제행동을 합니까?	

구분	감각	회피	관심 끌기	선호 물건/활동
문항 점수	1.	2.	3.	4.
	5.	6.	7.	8.
	9.	10.	11.	12.
	13.	14.	15.	16.
전체 점수				
평균 점수				
상대 순위				

0: 전혀 아님, 1: 거의 아님, 2: 가끔, 3: 보통, 4: 대체로, 5: 거의 항상, 6: 항상

출처: Durand & Crimmins (1998).

제 **2** 부

정서행동장애
조기개입
프로그램

매주 하루! 체험활동을 통한 정서행동장애 조기개입

제 **1** 주

우리 마을 말판 게임

 학습목표

마을에 대한 개념을 알고 자신이 처한 위치에서 주변을 살피는 능력을 기른다.

핵심역량

사회성, 정서기능, 협동성, 마음이론

준비물

말판, 주사위

 절차

- 2~3명의 아동을 둥글게 앉게 한다(가능하면 지원 가능한 봉사자, 실무원을 아동 뒤에 배치하여 필요한 경우 신체적 · 시각적 · 언어적 촉진법 사용).
- 숫자가 적힌 주사위를 제시한다(동그라미로 개수를 표시할 수도 있다).
- 가위, 바위, 보를 통해 순서를 정한다.
- 순서에 따라 주사위를 던진다.
- 말판에 따라 움직인다.
- 진행자는 숫자에 따라 동그라미 개수를 더하여 덧셈 개념을 촉진한다.
- 말판 내용은 아동이 살고 있는 집 주변이나 백화점, 어린이집, 유치원 같은 익숙한 장소를 고른다.
- 주사위 위치에서 정해진 장소의 특성에 맞게 게임한다.
- 전화기 그림에는 "여보세요! 저는 길동이인데요. 아빠 퇴근하실 때 아이스크림 사 오실래요?" 같은 평상시에 하고 싶은 말을 할 수 있도록 한다.
- 악보에는 노래방에서 자주 부르는 노래를 부르도록 한다. 이때는 즉석 노래방 마이크를 제공하면 좋다.
- 후퇴하면 실망하는 표정과 감탄사를 보인다(주먹을 손바닥에 가볍게 치면서 에~이! 할 수 있었는데……).

● '우리 편 이겨라, 우리 편 이겼다!' 같은 응원 분위기를 조성한다.

● 함께 기뻐한다. 하이파이브, 주먹을 쥐고 아래로 내리며 '예~이!' 하고 외친다.

● 출발부터 도착까지 상황별로 활동을 고안하면 재미를 더할 수 있다.

 **Tips**

　　정서행동장애아동은 불안감이나 우울감으로 주변에 관심이 없고, 활동에 흥미를 보이지 않는 특징을 보인다. 이는 그동안 수많은 시도에 대하여 무반응, 실패의 반복 등으로 인한 학습된 무기력을 보이는 데서 기인하는 것이다. 조기개입을 위한 교사나 부모-형제들은 아동의 정서-행동지원에 자신감을 가지고 접근하는 것이 좋다. 게임을 통하여 마음을 편안하게 하고 또래 친구를 통해 재미있는 경험을 반복하다 보면, 자신감 형성에 도움을 줄 수 있다. 처음에는 억지로 하게 하지 않는 것이 좋다. 또래 친구들이 왁자지껄, 활기찬 기분을 보일 수 있도록 지도하는 것이 핵심이다. 아동의 상황에 맞게 자료를 흥미 있게 만들어 주고, 점차 참여를 유도하면 좋다. 필요하다면 아동이 집착하는 물건이나 간식을 활용하는 것도 유용하다.

● 프로그램 1 - **우리 마을 말판 게임** ●

1. 재료 준비 - 말판, 주사위
2. 활동 안내(우리 마을 말판 게임) 하기
3. 게임 내용 설명하기
4. '이겨라' 구호 외치기
5. 도, 개, 걸, 윷, 모 외치기
6. 앞으로, 뒤로 위치 말하기
7. 말판에 따라 각 신호에 따라 동작하기
   　(전화기-여보세요, 악보-노래, 스마일 카드-웃기 등)
8. 출발, 도착이라고 말하기
9. '우리 편이 이겼다. 우리 편이 졌지만 괜찮아!'라고 말하기
10. 활동 참여에 대하여 칭찬하기

제 **2** 주

선택하기
(어떤 요리를 해 볼까?)

 학습목표
선택의 개념을 알고 자기결정력의 토대를 기른다.

 핵심역량
자기결정력, 사회성, 민주시민 역량, 마음이론

준비물
선택하기판, 요리 메뉴판, 친구 이름, 벨크로테이프, 떼었다 붙였다 할 수 있는 이름 적힌 스티커

절차

● 4~5명의 아동을 일렬로 의자에 앉게 한다(가능하면 지원 가능한 봉사자, 실무원을 아동 뒤에 배치하여 필요한 경우 신체적·시각적·언어적 촉진법 사용).

● 요리 메뉴판을 준비한다.

● 오늘의 요리활동을 투표를 통해 결정하겠다고 말한다.

● 친구 이름을 선택판에 붙여 둔다.

● '누가 먼저 할까?' 하고 선택하기 기회를 주어 자발성을 촉진한다.

● 선착순으로 손을 든 아동에게 먼저 기회를 준다. 이때 비장애 학생이 독식하여 결정하지 않도록 유의한다. 의사표현이 느린 아동의 경우 기다려 준다.

● 팥빙수, 스파게티, 유부초밥 중 어떤 것을 할 것인지 아동이 직접 결정하게 한다. 이 때는 미리 대상 아동의 가족과 협의하여 음식 메뉴, 재료를 결정하여 준비해 둔다.

● 대상 아동이 선택한 요리를 요리판에 붙인다. 친구가 무엇을 선택하고 싶은지 물어서 제안할 수 있는 기회를 준다.

● 투표 후에 어떤 요리를 가장 많이 선정했는지를 확인한다.

● 다수결에 따라 결정한 요리를 확인한다. 불복하면 다수결의 원리에 따라 결정되었다는 이유를 들어 설명하고 설득한다. 이때는 친구끼리 설득하게 하는 과정을 거친다.

● 결정된 요리활동을 재미있게 진행한다.

 **Tips**

정서행동장애아동은 사회성 활동에 어려움을 보인다. 자신의 우울감이나 공포감, 불안감 등의 현재 일어나는 정서 반응에 적응하느라 다른 사람의 의견을 살피거나 협력하기 어렵기 때문이다. 현대 사회는 민주시민의 기본이 되는 투표활동이나 자기결정 과정에서 스스로 선택하는 활동이 중요하다. 의사결정 과정에서 자주 거절당하거나 피해를 경험한 아동일수록 중요한 과정이다. 선택하기 활동은 정서행동장애아동의 자존감을 높이고 소속감을 키워 주는 효과적인 활동이다. 간식 메뉴 결정이나 의자에 짝을 배치하는 과정 등 일상생활 안에서 아동에게 선택권을 부여하여 원하는 활동을 안전하게 할 수 있도록 한다. 스티커를 제작할 때 아동의 사진을 활용하는 것은 아동 자신의 정체감과 소속감을 갖는 데 도움이 될 수 있다. 이 활동은 친구의 메뉴 선택 과정을 도움으로써 다른 사람의 마음을 이해하고, 상황에 맞게 행동하는 방법을 기르는 유용한 활동이 될 수 있다.

● 프로그램 2 – **선택하기**(어떤 요리를 해 볼까?) ●

1. 재료 준비 – 요리 메뉴, 팥빙수, 유부초밥, 스파게티, 팀원 이름, 이름표, 벨크로테이프, 선택하기판
2. 활동 안내(어떤 요리를 해 볼까?)하기
3. 요리 종류 말하기
4. 손 들고 호명하면 말하기
5. 선택판에 이름 붙이기
6. '친구는 팥빙수 요리를 하고 싶대요'라고 말하기
7. '친구는 유부초밥을 선택했어요'라고 말하기
8. '친구는 스파게티가 먹고 싶대요'라고 말하기
9. 다수결로 선택되었음을 설명하기
10. 원하는 요리가 아니어도 받아들이기
11. 활동 참여에 대하여 칭찬하기

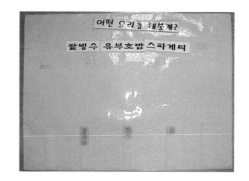

제 **3** 주

나라 이름 빙고 게임

 학습목표

익숙한 다른 나라의 이름을 알고, 다문화 친구들과
친화력을 늘린다.

핵심역량

사회성, 협동성, 상호작용 증진

준비물

빙고판, 세계 여러 나라 이름, 연필, 각 아동 개별의
빙고판

 절차

- 2~3명의 아동이 둥그렇게 앉는다(가능하면 지원 가능한 봉사자, 실무원을 아동 뒤에
  배치하여 필요한 경우 신체적·시각적·언어적 촉진법 사용).
- 빙고판을 받는다.
- 진행자가 부르는 나라 이름을 듣고 지운다.
- 이름을 모르거나 익숙하지 않으면, 진행자가 도움을 준다.
- 모두 지우면 '빙고!' 하고 소리친다. 손을 들어 조용히 표시할 수도 있다.
- 다른 친구들이 '빙고!' 할 때까지 기다려 준다.
- 나라 이름을 부를 때마다 따라 하며 이름을 익힌다.
- 그 나라 친구가 있다면 나라 자랑을 한다.
- 동영상이나 유튜브 등을 통해 빙고 게임에서 사용한 나라의 특징을 서로 이야기
  한다.

정서행동장애아동은 주변 사람에 관심이 적다. 안전한 환경과 소속감을 제공할 필요가 있다. 생태학적 관점에서 아동을 둘러싼 가정이나 보육기관, 유치원, 지역사회와의 잦은 노출을 통해 세상을 편안하게 탐색할 수 있는 기회 제공이 필요하다. 다문화 사회에서 외모나 언어 특성이 다른 친구를 경험하는 것은 국제화 시대에 있어 필수적인 경험이 되고 있다. 빙고 게임을 통해 다른 나라의 이름에 익숙해지고 각 경험을 뉴스나 동영상을 통해 편안하게 한다. 자주 듣는 다른 나라 이름을 자주 알려 준다. 특히, 세계인이 모이는 스포츠나 엑스포 등의 기회를 직접 경험하고, 사진 자료를 마련해 놓으면 아동의 경험 공유에 도움을 줄 수 있다.

● 프로그램 3 – 나라 이름 빙고 게임 ●

1. 재료 준비−보드판, 색상지, 백지에 국가 이름 쓰인 카드, 각자 랜덤 국가 이름 카드, 중국, 대만, 뉴질랜드 등 나라 이름, 가위, 풀
2. 활동 안내(나라 이름 빙고 게임)하기
3. 절차 설명하기
4. 처음에는 교사가 나라 이름 불러 주기
5. 불러 준 나라 이름에 표시하기
6. 친구가 나라 이름 불러 주기
7. 먼저 완성하면 '빙고!' 하고 말하기
8. 먼저 찾는 사람 상 주기
9. 활동 참여에 대하여 칭찬하기

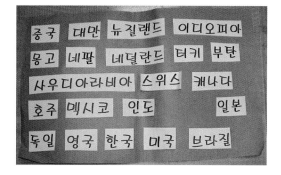

제 **4** 주

편지 쓰기

 학습목표

편지 쓰기를 통해 마음을 전하는 기술을 익힌다.

핵심역량

쓰기 의사소통기술, 마음 읽기, 사회 인지(주소, 전화번호, 자기 이름, 친구 이름)

준비물

편지 쓰기 안내판, 편지지, 봉투, 우표, 연필, 휴대전화, 컴퓨터나 태블릿 PC

 절차

- 2~3명의 아동이 일렬로 앉는다(가능하면 지원 가능한 봉사자, 실무원을 아동 뒤에 배치하여 필요한 경우 신체적 · 시각적 · 언어적 촉진법 사용).
- 편지지와 편지봉투를 받는다.
- 편지 쓰기 안내판을 보고 제목을 읽는다.
- 편지의 구성요소에 맞게 말하도록 촉진한다.
- ○○에게, ○○가(로부터), 하고 싶은 말, 안부인사, 작별인사, 날짜, 보낸 사람 이름 등 편지 쓰기에 필요한 요소를 반복적으로 사용하도록 한다.
- 편지지에는 써야 할 내용을 적은 용지를 각 아동에게 상황에 맞게 또래나 자원봉사자가 촉진한다.
- 편지지에는 쓴 사람, 받은 사람의 이름 란을 두어 위치 단서를 준다.
- 주소란에는 현재 살고 있는 주소를 정확하게 쓴다. 아동에 따라 윤곽 등 시각적 단서로 촉진한다.
- 종이를 접어 봉투 안에 넣는다.
- 봉투에 우표를 붙인다.
- 태블릿 PC, 컴퓨터를 통해 이메일을 작성하여 편지와의 공통점과 차이점을 알려준다.

- 휴대전화를 사용하여 문자 쓰기를 돕는다.
- 이모티콘을 사용하여 간단한 의사를 표현하는 방법을 알려 준다.
- 난이도가 다소 높은 활동이므로 반복적으로 알려 준다.
- 부모나 형제가 방법을 공유하여 일반화하도록 돕는다.

정서행동장애아동은 사람에 대한 두려움을 보일 수 있다. 특히, 학대받은 경험이 있거나 트라우마를 겪은 아동일수록 그렇다. 안전한 환경에서 친구나 가족에게 하고 싶은 말을 유도하도록 편지라는 형식을 사용한다. 일상생활에서 익숙한 우편물을 통해 마음을 전하는 방법을 알려 주고, 편지, 봉투, 주소, 우표 등의 용어를 편안하게 익히도록 한다. 가족이 사용하는 이메일이나 문자 사용 등은 성장하면서 반복적으로 익혀야 할 생존기술이다.

● 프로그램 4 – 편지 쓰기 ●

1. 재료 준비 – 보드판, 색상지, 편지, 내용 쓰인 문장, 가위, 풀
2. 활동 안내(편지가 뭐예요?)하기
3. 편지 쓰기 순서 알려 주기
4. 상대 정하기
5. 안부 인사 종류 말하기
6. 하고 싶은 말에 대하여 말하기
7. 날짜 쓰기
8. 보낸 사람 이름 말하기
9. 활동 참여에 대하여 칭찬하기

1. 안부 인사
2. 하고 싶은 말
3. 작별 인사
4. 날짜
5. 보낸 사람 이름

제 **5** 주

허수아비 만들기

 학습목표

만들기 활동을 통해 눈, 코, 입, 머리, 팔, 다리 등의 신체 명칭을 익힌다.

핵심역량

신체 인지, 소근육운동, 협응활동, 의사소통능력, 협동성

준비물

휴지심, 수수깡, 색종이, 크레파스, 공작용 눈알, 들판에 세워진 허수아비 사진

 절차

- 2~3명의 아동이 책상 앞에 일렬로 앉는다(가능하면 지원 가능한 봉사자, 실무원을 아동 뒤에 배치하여 필요한 경우 신체적·시각적·언어적 촉진법 사용).
- 허수아비 견본을 보고 머리, 팔, 다리, 눈, 코, 입, 넥타이, 옷 등의 명칭을 말한다.
- 만드는 방법을 보여 준다.
- 모양에 맞게 만든다. 필요하면 보조인이 신체적 보조, 시각적 보조, 언어적 보조과정을 통해 아동으로 하여금 실패감을 줄이고 활동할 수 있도록 돕는다.
- 재료의 질감을 느끼도록 유도한다.
- '잘라요, '붙여요' 등의 동작을 표현하는 낱말을 반복한다.
- 들판 사진에 허수아비가 있는 그림을 보여 주고 연상할 수 있도록 돕는다.
- 허수아비 노래를 통해, 가사에 나오는 낱말, 의태어, 의성어 등을 익힌다.
- '휘어이!' 같은 새 쫓는 소리 등 감탄사를 사용하여 흥미를 높인다.
- 다소 난이도 높은 활동이므로 반복적으로 알려 준다.

 **Tips**

정서행동장애아동은 자신에 대하여 관심이 적다. 자존감을 높이기 위하여 신체에 관심을 갖도록 한다. 거울을 통해 얼굴의 생김새를 관찰하도록 하고 친구의 얼굴과 차이를 알도록 한다. 초기에는 사람의 인체에 관심을 유도하기 위하여 간접적인 방법을 사용하는 것이 안정감을 줄 것이다. 인형이나 공작활동을 통해 도움을 유도할 수 있다. 얼굴, 팔, 다리, 손, 발 등의 신체상을 이끌어 준다. 가정에서 자신의 신체를 직접 관찰할 수 있도록 목욕시키는 장면, 옷 입고 벗는 과정을 통해 수시로 촉진하도록 안내한다. 허수아비 만들기 활동은 엄마가 입는 옷, 아빠가 착용한 넥타이 등과 연결 지어 개념을 촉진할 수 있다. 들판, 새, 허수아비 같은 자연환경에서 자신을 바라볼 수 있는 기회를 갖게 할 수 있다.

♬ 성난 허수아비 아저씨
하루 종일 우뚝 서 있는 성난 허수아비 아저씨
짹짹짹짹짹 아이 무서워 새들이 달아납니다
하루 종일 우뚝 서 있는 성난 허수아비 아저씨

● 프로그램 5 – 허수아비 만들기 ●

1. 재료 준비–휴지심, 수수깡, 색종이, 크레파스, 눈알
2. 활동 안내(허수아비 만들기)하기
3. 순서 알려 주기
4. 자르기, 붙이기 등 활동하기
5. 모자, 얼굴, 팔, 다리, 넥타이, 손 등의 명칭 말하기
6. 논밭 사진을 보여 주기
7. 허수아비 노래 부르기
8. 의태어, 의성어(휙~이!) 사용하기
9. 활동 참여에 대하여 칭찬하기

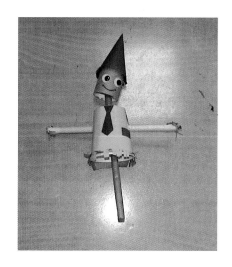

제 **6** 주

종이컵 농구

 학습목표

만들기 활동을 통해 협응활동과 농구라는 게임 규칙을 익힌다.

핵심역량

만들기, 동작인지, 협응능력, 게임 규칙, 협동성

준비물

종이컵, 색종이, 나무젓가락, 검정 테이프, 끈, 포일, 마커보드, 마커펜

 절차

- 2~3명의 아동이 책상 앞에 일렬로 앉는다(가능하면 지원 가능한 봉사자, 실무원을 아동 뒤에 배치하여 필요한 경우 신체적·시각적·언어적 촉진법 사용).
- 종이컵 농구 견본을 보고 농구 바스켓, 농구공을 알려 준다.
- 만드는 방법을 보여 준다.
- 모양에 맞게 만든다. 필요하면 보조인이 신체적 보조, 시각적 보조, 언어적 보조과정을 통해 아동으로 하여금 실패감을 줄이고 활동할 수 있도록 돕는다.
- '잘라요', '붙여요' 등의 동작을 표현하는 낱말을 반복한다.
- 게임 규칙을 말한다.
- 당겨서 공을 바스켓에 넣는 활동을 알려 준다.
- 점수판을 사용하여 팀 게임으로 진행한다.
- 누가 이겼나 확인한다.
- 일대일 같은 시황판을 큰 소리로 말하게 하며 흥미를 유도한다.
- '이겼다. 우리 편이 이겼다', '져도 괜찮아' 등 게임에서 주로 사용하는 표현을 촉진한다.

 **Tips**

정서행동장애아동은 놀이나 여가기술에 대하여 관심을 가질 에너지가 필요하다. 세상에 대하여 공포 감과 불안감을 완화하기 위하여 다양한 활동이 필요하다. 안전한 환경에서 자신을 지지해 줄 수 있도록 친 구나 교사는 안전기지 역할을 할 수 있다. 또래 친구들과 재미있는 활동을 진행하는 동안 불안감을 둔감 화시킬 수 있다. 재활용 도구를 사용하여 공작활동을 진행하고, 성취감을 느낄 수 있다. 농구활동은 비교 적 신체를 과격하게 움직이는 활동이므로, 종이컵 농구 게임을 통해 게임의 규칙을 익힐 수 있다. 또래나 교사도 익숙하지 않은 활동에서 실수를 보일 수 있는데, 강박 성향을 가진 정서행동장애아동에게는 환경 을 편안하게 다스릴 수 있는 힘을 경험할 수 있다. 이러한 활동은 실제 농구 같은 신체 접촉이 필요한 활동 으로 전이하는 데 도움을 줄 수 있다.

● 프로그램 6 – 종이컵 농구 ●

1. 재료 준비 – 종이컵, 색종이, 나무젓가락, 검
   정 테이프, 끈, 포일
2. 활동 안내(종이컵 농구하기)하기
3. 순서 알려 주기
4. 농구활동하기 – 조준하여 종이컵에 넣기
5. 이겨라~ 응원하기
6. 누가 이겼나 점수 계산하기
7. 활동 참여에 대하여 칭찬하기

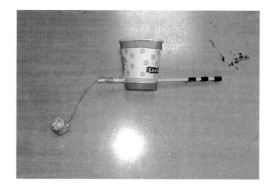

제 **7** 주

종이컵 동물극장

 학습목표

동물극장 활동을 통해 동물의 이름과 동물 흉내를 통한 모방활동을 기른다.

핵심역량

만들기, 동물 그림, 협응능력, 게임 규칙, 협동성

준비물

종이컵, 색종이, 나무젓가락, 동물 그림 카드

 절차

- 2~3명의 아동이 책상 앞에 일렬로 앉는다(가능하면 지원 가능한 봉사자, 실무원을 아동 뒤에 배치하여 필요한 경우 신체적·시각적·언어적 촉진법 사용).
- 종이컵 동물농장 견본을 보고 동물극장을 알려 준다.
- 만드는 방법을 보여 준다.
- 동물 그림을 붙이고 모양에 맞게 만든다. 필요하면 보조인이 신체적 보조, 시각적 보조, 언어적 보조과정을 통해 아동으로 하여금 실패감을 줄이고 활동할 수 있도록 돕는다.
- '잘라요', '붙여요' 등의 동작을 표현하는 낱말을 반복한다.
- 당기거나 돌리면서 나타나는 동물을 알아맞힌다.
- 동물 이름을 말하고 소리를 내거나 동작을 흉내 낸다.

 **Tips**

　　정서행동장애아동은 다른 사람에 대해 관심이 적고 동물과 노는 것을 어려워한다. 특히, 사람이나 특정 동물에게 공격을 받거나 목격한 후 외상 후 스트레스성 경험을 가진 경우는 더욱 그러하다. 따라서 위협적인 사람보다 귀여운 반려동물이나 동물 그림을 통해 편안함을 느끼게 하는 것이 필요하다. 또래 친구들과 모방활동을 통해 놀이기술을 익히도록 돕는다. 귀여운 동물 사진을 막대기에 붙이는 과정 중 반려동물에 대한 경험을 공유할 수 있다. 이 활동은 동물이나 사람에 대한 공포 반응을 보이는 정서행동장애아동에게 안전한 환경을 제공할 수 있다. 동물에 대한 둔감한 반응을 보이기 시작하면 동물원이나 실제 동물을 경험하는 것으로 확장할 수 있다. 이때, 처음에는 작은 반려동물에게 노출하도록 하고, 점차 덩치 큰 동물에게 노출하는 것이 좋다. 동물에게 편안함을 보이는 이후 점차 사람과의 관계 속에서 편안함을 가지도록 유도할 수 있다.

● 프로그램 7 – **종이컵 동물극장** ●

1. 재료 준비 – 종이컵, 색종이, 나무젓가락,
   동물 그림 카드
2. 활동 안내(종이컵 동물극장)하기
3. 활동 순서 알려 주기
4. 돌려서 동물 보여 주기
5. 동물 이름 맞추기
6. 동물 노래하기
7. 활동 참여에 대하여 칭찬하기

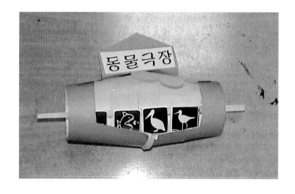

제 **8** 주

수건에 도장 찍기

 학습목표

여러 가지 문양의 도장 찍기 활동을 통해 수건, 도장, 물감 등 다양한 재료를 다룰 수 있다.

핵심역량

소근육운동, 집중하기, 정해진 위치에 힘 조절하여 찍기, 재료 다루기, 이름 알기, 친구 이름 알기, 자랑하기

준비물

면수건, 도장 세트, 물감

 절차

- 2~3명의 아동이 책상 앞에 ㄷ자 모양으로 앉는다(가능하면 지원 가능한 봉사자, 실무원을 아동 뒤에 배치하여 필요한 경우 신체적·시각적·언어적 촉진법 사용).
- 아동 개개인 앞에 흰색 면수건을 놓는다.
- 천 인쇄용 물감을 놓는다.
- 필요하면 수건에 원하는 위치를 찍어 놓는다.
- 다양한 모양의 도장을 천 위치에 찍는다.
- 네모, 동그라미, 빨강, 주황 같은 이름을 반복하여 말해 준다.
- 다양한 색깔을 찍고 모양과 색 이름을 말한다.
- 완성 후에 수건을 가지고 다니면서 자랑하게 한다.
- 이름을 쓰도록 하고 누가 했는지 기억하게 한다.
- 서로 자랑하고, '부러워', '정말 잘했어' 등의 격려를 위한 어휘를 자주 사용하게 한다.

 **Tips**

　　정서행동장애아동은 칭찬 받은 경험보다는 실수를 하거나 꾸중을 듣는 경험으로부터 세상을 불편하게 느낀다. 실수 경험의 반복은 학습된 무기력을 초래하게 되어 무기력감을 가지게 된다. 수건에 도장 찍는 활동은 매우 단순하지만 성취감을 느낄 수 있는 활동이다. 여러 장의 면수건을 마련하여 반복함으로써 실수를 허용 받는 경험을 누리게 한다. 또한 누구나 시행착오를 겪는 상황을 목격하면서 서로가 존중받는 경험을 가질 수 있다. 친구의 실수 반응도 아동에게는 안도감을 주는 데 효과적이다. 친구의 반응에 칭찬하고 부러워하는 동안 자신의 활동에 자존감을 느낄 수 있다. 때로는 자신의 강점이 노출되어 효능감을 높일 수도 있다. 가족이나 형제들에게도 경험을 공유하기 위하여 만든 손수건을 선물로 주고받게 하면 상호작용에 효과적이다.

● 　프로그램 8 – 수건에 도장 찍기　 ●

1. 재료 준비－면수건, 도장 세트, 물감
2. 활동 안내(수건에 도장 찍기)하기
3. 활동 순서 알려 주기
4. 위치에 맞게 도장 찍기
5. 여러 위치에 찍기
6. 이름 쓰기
7. 친구에게 자랑하기
8. 활동 참여에 대하여 칭찬하기

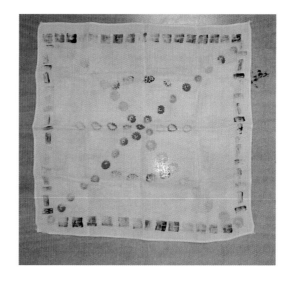

제 **9** 주

마음을 전하는 우체통

 학습목표

우체통의 기능을 알고 마음을 전하는 활동에 대하여 생각할 수 있다.

핵심역량

마음 읽기, 편지, 우체통 개념 익히기, 상호작용, 관심 공유

 준비물

세로형 재활용 상자, 우체국 로고, 색지, 코팅지, 마음을 전하는 우체통 글자

 **절차**

- 2~3명의 아동이 책상 앞에 ㄷ자 모양으로 앉는다(가능하면 지원 가능한 봉사자, 실무원을 아동 뒤에 배치하여 필요한 경우 신체적·시각적·언어적 촉진법 사용).
- 아동 개개인 앞에 재료 세트를 놓는다.
- 재활용 상자에 로고를 붙이고 '마음을 전하는 우체통'이라는 글자를 붙인다.
- 한 명씩 나와 받은 편지를 우체통에 넣는다.
- '편지를 부쳐요', '마음을 전해요'라고 말한다.
- '나는 ○○가 좋아', '다시 만나자' 등 평소 하고 싶은 말을 표현하도록 촉진한다.

 **Tips**

정서행동장애아동은 마음을 전하는 데 익숙하지 않다. 그만큼 스스로의 문제에 고군분투하기 때문이다. 이 프로그램은 마음을 전하는 방법을 알려 주어 다른 사람을 생각하게 하는 데 목적이 있다. '좋아', '싫어', '힘들어', '어려워', '곤란했어', '난처했어' 등 정서행동상 어려움을 비밀보장이라는 안전기지에 포장할 수 있는 강점이 있다. 때로는 대상이 없을 수도 있다. 마음의 짐을 누군가에게 전한다는 장점을 표현하여 일상생활에서 겪었던 긴장을 이완할 수도 있다. 우체통이라는 상징적인 물건에 마음을 전한다는 의미를 부각한다. 프로그램 4에서 사용했던 편지를 사용해도 좋다. 친구, 가족, 선생님, 특정하지 않은 누군가에게 감정을 표현할 수도 있다. 활동 이후에는 '후련하다', '좋았다', '보고 싶다' 등 감정표현으로 마무리 지으면 더욱 의미 있다.

● 프로그램 9 – **마음을 전하는 우체통** ●

1. 재료 준비 – 세로형 재활용 상자, 우체국 로고,
   색지, 코팅지, 마음을 전하는 우체통 글자
2. 활동 안내(마음을 전하는 우체통)하기
3. 활동 순서 알려 주기
4. 활동하기
5. 편지 붙이기
6. 열어서 확인하기
7. '편지 고마워' 하고 인사하기
8. 활동 참여에 대하여 칭찬하기

제**10**주

빨대 탁구공 불기

 학습목표

빨대 탁구공 불기 활동을 통해 게임 규칙과 호흡 역량을 늘린다.

 핵심역량

게임기술, 상호작용, 사회성, 협동성, 소근육운동, 팀 개념

준비물

빨대 2개, 탁구공, 칼

 절차

- 2~3명의 아동이 책상 양쪽으로 마주 보고 앉는다(가능하면 지원 가능한 봉사자, 실무원을 아동 뒤에 배치하여 필요한 경우 신체적 · 시각적 · 언어적 촉진법 사용).
- 칼을 사용하여 빨대 끝을 벌려 준다. 안전한 진행을 위하여 진행자가 마련해 준다.
- 탁구공을 빨대 위에 올린다.
- 힘껏 불어서 탁구공을 날린다.
- 순서대로 탁구공을 분다.
- 팀을 나누어 더 멀리 가게 하고, 더 높이 띄우게 한다.
- 거리에 따라 '○○가 이겼다', '우리 편이 이겼다'라고 흥겹게 소리친다.
- 진 경우에도 편안하게 받아들인다.

**Tips**

　　정서행동장애아동은 다른 사람이 가까이 있는 것을 부담스러워한다. 공격받은 경험이 있거나 피해를 입은 경험이 있다면 더욱 그러하다. 이 활동은 밀착하여 탁구공을 불어야 재미를 느끼는 활동이다. 탁구공의 움직임이나 힘껏 부는 모습을 바라보는 것만으로도 흥겹기 때문이다. 아동은 재활용 빨대를 사용하여 탁구공을 불게 함으로써 평소에 보았던 빨대의 기능이나 탁구공의 또 다른 쓰임새를 보고 재미있게 참여할 수 있다. 때로 부는 과정에서 어려움이 있지만, 친구도 똑같이 어려움을 겪는 것을 보면서 스스로의 자존감을 지킬 수 있다. 멀리 불기는 거리를 재 보고 누가 이겼나를 판단하게 한다. 줄자로 재거나 손바닥을 한껏 펴서 뼘으로 재는 활동은 색다른 맛을 느낄 수 있다. 공이 떠오르는 모습을 동영상으로 촬영하여 가족에게 보내도록 한다. 아동의 활동을 가정에서 반복해서 관찰할 수 있으며, 식구끼리 관심을 나누는 자랑거리가 될 수 있다.

● 프로그램 10 – 빨대 탁구공 불기 ●

1. 재료 준비 – 빨대 2개, 탁구공, 칼
2. 활동 안내(빨대 탁구공 불기)하기
3. 활동 순서 알려 주기
4. 활동하기
5. 입으로 불기
6. 탁구공이 날아가는 거리 재기
7. 누가 이겼는지 확인하기
8. 활동 참여에 대하여 칭찬하기

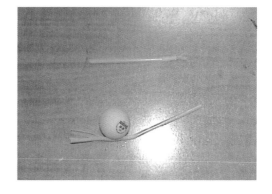

제 **11** 주

여행지 확인하기

 학습목표
여행 경험을 말하고, 상징물과 여행지를 자랑할 수 있다.

핵심역량
의사소통, 사회 인지, 지역사회 관심 갖기, 감정표현하기, 감정 표정 짓기

 준비물
여행지와 여행지에서 볼 수 있는 사진 및 글자, 보드, 코팅지, 벨크로테이프

절차

- 2~3명의 아동이 일렬로 앉는다(가능하면 지원 가능한 봉사자, 실무원을 아동 뒤에 배치하여 필요한 경우 신체적·시각적·언어적 촉진법 사용).
- 부모에게 아동이 여행한 여행지를 준비하도록 한다.
- 인계받은 여행지와 그 여행지에서 주로 보았던 상징물에 대하여 설명한다.
- 서울-월드컵 경기장, 경주-불국사, 제주-돌하르방 등 주요 관광지와 관광지에서 보았던 상징물을 기억하도록 촉진한다.
- 여행지에서 먹었던 음식이나 기념품 쇼핑, 놀이기구 타기 등을 자랑하도록 격려한다.
- '좋았겠다', '나도 가 보고 싶어', '부러워' 등의 정서적인 표현을 촉진한다.
- 다양한 표정을 유도한다.

 **Tips**

정서행동장애아동은 지역사회에 관심을 갖기 어려워한다. 외부에 나가기 꺼려 하는 불안장애아동에게는 특히 그렇다. 아동에게 다른 사람의 여행 경험을 듣게 함으로써 나를 둘러싸고 있는 환경에 관심을 갖게 한다. 여행지에서 먹었던 솜사탕 등 다양한 음식, 동물원, 엘리베이터, 케이블카 등 환상적이고 흥미 있는 경험을 과장되게 표현하면서 좋아하는 감정을 촉진한다. 실제 동영상을 활용하면 더욱 도움이 될 수 있다. '부럽다', '좋겠다' 등 평소에 사용하지 않은 감정표현을 사용하게 하고 표현에 맞는 표정을 짓도록 지도한다. 현재 살고 있는 지역과 그 지역을 멀리 떠난 여행의 기분에 대하여 설명한다. 가족과 함께 한 경험을 언어로 표현할 수 있도록 다양한 프로그램을 지원하면 가족지원에 도움이 될 수 있다.

● 프로그램 11 – **여행지 확인하기** ●

1. 재료 준비－여행지와 여행지에서 볼 수 있는 사진 및 글자, 보드, 코팅지, 벨크로테이프
2. 활동 안내(여행지 확인하기)하기
3. 여행지와 상징물 일치시키기
4. 읽어 보기
5. 여행지에서 일어난 일 말하기
6. 친구 생각 듣기
7. '좋겠다!', '부러워!' 표정과 함께 말하기
8. 활동 참여에 대하여 칭찬하기

제 **12** 주

넌 누구니?

🐟 **학습목표**

부분을 보고 전체를 유추할 수 있다.

🔄 **핵심역량**

부분-전체 인지, 추론하기, 마음 읽기, 주의집중

🐾 **준비물**

마분지, 각종 사진 및 글자, 색종이, '넌 누구니?' 글자, 자, 칼

❀ **절차**

- 2~3명의 아동이 일렬로 의자에 앉는다(가능하면 지원 가능한 봉사자, 실무원을 아동 뒤에 배치하여 필요한 경우 신체적 · 시각적 · 언어적 촉진법 사용).
- 진행자는 아동의 눈높이에 앉아서 가려진 그림의 일부분을 보여 준다.
- '넌 누구니?' 하고 외치며, 추측하도록 시간을 준다.
- 시간을 끌면서 아동들의 생각을 들은 후 열어서 확인한다.
- '아하! 그거였구나!' 하고 말하도록 유도한다.
- 그림의 부분을 보고 전체를 추측한 경우 정반응에 칭찬한다.
- 다양한 그림이나 사진을 사용하여 흥미를 갖게 한다.

 **Tips**

정서행동장애아동은 주의집중에 어려움을 보인다. 특히, ADHD 아동이나 불안한 아동의 경우 고도의 집중력을 요구하는 활동에 주의를 기울이기 어려워한다. 평소에 익숙한 사진이나 그림을 제시하고, 이 중 일부분을 가렸을 때 주의를 기울이도록 지원한다. 추론하기, 정답 알아맞히기 등의 과정은 아동에게 성취감을 줄 수 있다. 정답을 맞혔을 때 '정답!' 같은 감탄사나 다른 친구가 알아맞힐 수 있나를 기대하는 눈빛, 친구의 반응에 대한 긍정적 피드백 등은 아동으로 하여금 주의를 지속하게 할 수 있는 동기부여가 될 수 있다. 아쉽게 알아맞히지 못했을 때 실망하는 감탄사 '에이~', 그 문제를 다른 사람이 맞혔을 때 갖는 아쉬우면서도 확인하는 '아하! 그거였구나!' 같은 문구들은 살아가면서 자주 사용해야 하는 의사소통의 유형이다. 놀이 활동이나 간식을 제공하는 일상적인 루틴활동을 통해 다양한 추측하기 활동을 강화하면 도움 될 수 있다.

● 프로그램 12 – **넌 누구니?** ●

1. 재료 준비－마분지, 각종 사진 및 글자, 색종이, 넌 누구니? 글자, 자, 칼
2. 활동 안내(넌 누구니?)하기
3. 사진을 붙인 후 부분만 보일 수 있도록 하기
4. 추측하기
5. 물고기(문어) 이름을 넣고 '~인 것 같아'라고 말하기
6. 사진 확인하기
7. 알아맞힌 사람, 박수 등의 활동을 통해 인정하기
8. 서로 칭찬하기
9. 활동 참여에 대하여 칭찬하기

제 **13** 주

친구 알아맞히기

 학습목표

친구 사진의 일부를 보고 이름을 말할 수 있다.

핵심역량

부분-전체 인지, 추론하기, 마음 읽기, 주의집중, 사회성, 사회 인지

준비물

마분지, 색지, 친구 사진, 감춘 사진 중 눈, 코, 입, 옷 무늬 확인하고 알아맞히기

 절차

- 2~3명의 아동이 일렬로 의자에 앉는다(가능하면 지원 가능한 봉사자, 실무원을 아동 뒤에 배치하여 필요한 경우 신체적 · 시각적 · 언어적 촉진법 사용).
- 앉아 있는 팀 친구의 사진을 사용하여 교재를 제작한다.
- 의상이나 액세서리 같은 친구를 상징하는 물건을 사용하여 추측에 도움을 준다.
- 진행자는 아동의 눈높이에 앉아서 가려진 그림의 일부분을 보여 준다.
- '넌 누구니?' 하고 외치며, 추측하도록 시간을 준다.
- 시간을 끌면서 아동들의 생각을 들은 후 열어서 확인한다.
- '~인 것 같아', '아하! 그거였구나!' 하고 말하도록 유도한다.
- 그림의 부분을 보고 전체를 추측한 경우 정반응에 칭찬한다.
- 거부하지 않으면 서로 안아 주거나 하이파이브를 유도하여 느낌을 공유한다.
- 다양한 그림이나 사진을 사용하여 흥미를 갖게 한다.

 **Tips**

　　정서행동장애아동은 친구의 이름이나 사진에 관심을 덜 기울인다. 특히, 반응성 애착장애아동이나 스트레스 장애아동의 경우 더욱 도움이 필요하다. 옆의 짝이나 자주 교류하는 친구의 사진을 사용하여 이름을 자주 부르게 한다. 좋은 장난감을 나누어 갖거나 음식을 주고받으면서 반응을 촉진할 수 있다. 놀이 장소나 학습 장소에 같이 배치하여 친구가 불편하게 하거나 해를 끼치지 않은 좋은 친구임을 인지하게 한다. 신체 접촉 놀이나 앨범 찾기 같은 활동으로 촉진시킬 수 있다. 다양한 경험에 함께 사진이나 동영상을 촬영하여 프로그램 이후의 장면에서도 기억할 수 있도록 한다. 관심을 보이고 있다면 부분적인 특성만 가지고도 친구의 얼굴을 일치시킬 수 있다.

● 　프로그램 13 – **친구 알아맞히기** 　●

1. 재료 준비－마분지, 색지, 친구 사진, 감춘 사진
   중 눈, 코, 입, 옷 무늬 확인하고 알아맞히기
2. 활동 안내(친구 알아맞히기)하기
3. 사진을 붙인 후 부분만 보일 수 있도록 하기
4. 추측하기
5. (친구 이름을 넣고) '~인 것 같아'라고 말하기
6. 친구 확인하기
7. 알아맞힌 사람 안아 주기
8. '알아맞혀 주어서 고마워' 인사하기
9. 활동 참여에 대하여 칭찬하기

제 **14** 주

스무고개

 학습목표

질문을 듣고 추측할 수 있다.

핵심역량

추론하기, 질문자의 의도를 읽기, 의사소통, 경청하기, 사회성

준비물

마분지, 색상지, 스무고개 내용, 정답 가리개, 물음표

 절차

- 2~3명의 아동이 일렬로 의자에 앉는다(가능하면 지원 가능한 봉사자, 실무원을 아동 뒤에 배치하여 필요한 경우 신체적·시각적·언어적 촉진법 사용).
- 수수께끼 문장을 읽어 주면서 흥미를 유도한다.
- 질문에 '뭐지?' 생각하는 말을 표현하도록 유도한다.
- 주어진 문장에 따라 답을 유추한다.
- 아동이 알 수 있도록 뻔하고 명확한 오답을 던져 주어 '아니에요'라는 말을 촉진한다. 이때 '아니'라는 표현에 고개를 크게 좌우로 흔들거나 손을 흔들어 부정을 표시하는 제스처를 유도한다.
- 시간을 끌면서 아동들의 생각을 들은 후 가리개를 살짝 열어서 확인한다.
- '~인 것 같아, 아하! 그거였구나!' 하고 말하도록 유도한다.
- 천천히 정답 가리개를 열어서 생각과 실제 정답을 대조하게 한다.
- '나는 무엇일까요?'에 맞는 대답을 듣고 '정답!', '정답입니다!'를 외치며 과장되게 반응한다.
- 맞는 반응에 서로 바라보며 흥겨워하거나 하이파이브를 하는 등 상황에 맞는 제스처를 사용한다.
- 서로 칭찬하며 격려한다.

정서행동장애아동은 주의집중에 어려움을 보인다. 정서적으로 우울한 아동의 경우 매사 무기력하고 의욕이 없어서 약간만 난이도를 높이면 생각하지 않으려는 경향이 있다. 스무고개 같은 단계적 사고의 경우 교사의 촉진활동과 또래 동료들의 활기찬 반응을 병행하면서 동조하도록 하는 과정이 중요하다. 스무고개의 내용은 일상생활이나 누구나 알 수 있는 가족 명, 동물, 과일, 장난감, 도형, 스포츠 용품 등을 사용하면 좋다. 때로는 간식을 좋아하는 경우 스낵 명, 아이스크림 종류, 노래 등을 활용할 수도 있다. 유추하는 어휘, 동조하는 문구, 생각 언어 등 사적 언어를 사용하게 하여 사고과정을 접근하는 과정이 바람직하다.

◆ 프로그램 14 − **스무고개** ◆

1. 재료 준비−마분지, 색상지, 스무고개 내용, 정답 가리개, 물음표
2. 활동 안내(스무고개)하기
3. 스무고개 내용 읽기
4. 추측하기
5. (답에 대한 힌트를 주고) '~인 것 같아'라고 말하기
6. '정답은 ~입니다' 외치며 답 확인하기(야구공, 고춧가루, 연필)
7. 알아맞힌 친구 칭찬하기
8. 활동 참여에 대하여 칭찬하기

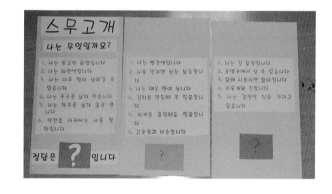

제 **15** 주

앙케트로
친구 알아맞히기

 학습목표

질문을 통해 친구의 특성을 듣고 이름을 추측할 수 있다.

 핵심역량

추론하기, 질문자의 의도를 읽기, 의사소통, 경청하기,
사회성

준비물

마분지, 색상지, 스무고개 내용, 정답 가리개, 물음표

절차

- 2~3명의 아동이 일렬로 의자에 앉는다(가능하면 지원 가능한 봉사자, 실무원을 아동
  뒤에 배치하여 필요한 경우 신체적 · 시각적 · 언어적 촉진법 사용).
- 앙케트 내용은 가족과 협의하여 아동 개인이 잘 아는 문장으로 구성한다.
- 친구의 특성을 쉽게 파악할 수 있는 문장으로 구성한다(동생 이름 등).
- 친구 이름이나 입고 있는 옷, 장래 희망 등을 포함한다.
- 수수께끼 문장을 읽어 주면서 흥미를 유도한다.
- 질문에 '뭐지?' 생각하는 말을 표현하도록 유도한다.
- 주어진 문장에 따라 답을 유추한다.
- 아동이 알 수 있도록 뻔하고 명확한 오답을 던져 주어 '아니에요'라는 말을 촉진한
  다. 이때 '아니'라는 표현에 고개를 크게 좌우로 흔들거나 손을 흔들어 부정을 표
  시하는 제스처를 유도한다.
- 시간을 끌면서 아동들의 생각을 들은 후 열어서 확인한다.
- '~인 것 같아, 아하! 그렇구나!' 하고 말하도록 유도한다.
- 천천히 정답 가리개를 열어서 생각과 실제 정답을 대조하게 한다.
- '나는 누구일까요?'에 맞는 대답을 듣고 '정답!', '정답입니다!'를 외치며 과장되게
  반응한다.

- 맞는 반응에 서로 바라보며 흥거워하거나 하이파이브를 하는 등 상황에 맞는 제스처를 사용한다.
- '우리는 친구야!' 하고 어깨동무한다.

Tips

정서행동장애아동은 친구를 통해 안전기지를 가질 수 있다. 좋아하는 친구는 긴장을 풀어 주고 함께하는 상황을 즐겁게 한다. 앙케트라는 재미있는 어휘를 알려 주고 묻는 방법을 다양화한다. 문장 구성을 통해 아동의 정보를 알려 주면 예상했던 친구의 특성뿐 아니라 알지 못했던 사실까지를 새롭게 알 수 있는 기회가 된다. 친구의 앙케트를 함께 조사하는 동안 좋아하는 음식이나 장래 희망, 동생 이름, 친구 이름 등을 알 수 있어서 대화를 이어 가는 관심사를 공유할 수 있다. 가족에게 정보를 공유하여 친구에 대하여 지속적인 관심을 가질 수 있도록 유도하면 더욱 좋다.

◆ 프로그램 15 - 앙케트로 친구 알아맞히기 ◆

1. 재료 준비-색상지, 핀, 노끈, 친구의 특징적인 내용이 적힌 앙케트 내용, 초록반의 앙케트 글자
2. 활동 안내(앙케트로 친구 알아맞히기)하기
3. 앙케트 내용 읽기
4. 추측하기
5. (친구 이름을 넣고) '~인 것 같아'라고 말하기
6. 정답 확인하기
7. 정답을 알아맞힌 친구 칭찬하기
8. 활동 참여에 대하여 칭찬하기

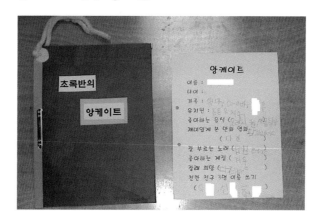

제 **16** 주

친척 그래프

 학습목표

질문을 통해 친구의 친척을 추측할 수 있다.

핵심역량

추론하기, 질문자의 의도를 읽기, 의사소통, 경청하기,
사회성, 사회 인지

 준비물

색상지, 색지, 눈금판, 마분지, 이름판

절차

- 2~3명의 아동이 일렬로 의자에 앉는다(가능하면 지원 가능한 봉사자, 실무원을 아동
  뒤에 배치하여 필요한 경우 신체적 · 시각적 · 언어적 촉진법 사용).
- 친척 그래프는 가족과 협의하여 구성한다.
- 친구의 친척을 알 수 있도록 알려 준다. 이모, 고모, 삼촌, 사촌에 대한 정보를 공
  유한다.
- 오늘은 친구의 친척에 대하여 알아보겠다는 예고를 통해 흥미를 유도한다.
- '친척이 뭐지?'라고 생각하는 말을 표현하도록 유도한다.
- 주어진 질문에 따라 답을 유추한다.
- 전혀 다른 대답을 하면서 '아니에요'라는 말을 촉진한다. 이때 아니라는 표현에
  고개를 크게 좌우로 흔들거나 손을 흔들어 부정을 표시하는 제스처를 유도한다.
- 아동별로 친척 숫자에 따라 그래프를 만든다. 스티커를 붙이면서 선의 높이의 차
  이를 알려 준다.
- 높이에 따라 친척 숫자가 많은 친구의 이름을 불러 준다.

Tips

　　정서행동장애아동의 가족은 아동의 어려움으로 인하여 친척과의 교류가 적을 수 있으나 호의적인 친척은 매우 중요한 가족자원이다. 아동은 친척이라는 용어를 통해 나를 둘러싼 여러 교류범위를 알 수 있다. 아동 자신의 친척 중 가족과 잦은 교류를 하는 경우는 친척 명을 자주 불러 주어 확대시키면 좋다. 타인과의 상호작용을 위해 친구의 친척에 대한 관심은 친구와 관심사를 공유하고 협력적 관계 형성을 증진시키는 데 도움을 줄 수 있다. 큰아빠, 작은아빠, 고모, 이모, 외삼촌 등 중요한 친척을 상기시키고, 명절 등을 통해 교류의 중요성을 강조한다. 이 활동은 친척 그래프를 통해 숫자를 시각화하는 작업이다. '많다', '적다', '높다', '낮다'의 수량 개념을 그래프로 시각화하고, 붙였다 떼는 활동을 체험하여 어려운 숫자 개념을 재미있게 진행할 수 있다.

● 프로그램 16 – 친척 그래프 ●

1. 재료 준비 – 색상지, 색지, 눈금판, 마분지, 이름판
2. 활동 안내(친척 그래프)하기
3. 친척 이름 알기 – 이모, 고모, 삼촌, 사촌형 등
4. 친척 수 세어 보기
5. 눈금표에 맞추어 스티커 붙이기
6. 누가 제일 많은지 이야기하기
7. 알아맞힌 친구 칭찬하기
8. 활동 참여에 대하여 칭찬하기

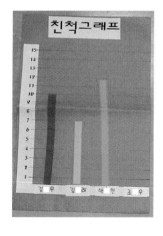

제 **17** 주

무슨 뜻일까?

 학습목표

로고 이해를 통해 상징물의 의미를 말할 수 있다.

 핵심역량

추론하기, 로고 이해, 사회성, 사적 언어, 사회 인지, AAC 사진판 이해

준비물

마분지, 색지, 로고, 로고에 맞는 글자

절차

- 2~3명의 아동이 일렬로 의자에 앉는다(가능하면 지원 가능한 봉사자, 실무원을 아동 뒤에 배치하여 필요한 경우 신체적 · 시각적 · 언어적 촉진법 사용).
- 일상생활에서 많이 쓰이고 있는 로고를 수집하여, 로고와 이름을 짝짓는다.
- 로고의 이름을 일부 가려 두고 뜻을 말할 수 있도록 유도한다.
- 병원, 우체국 주차장, 공항 등을 상기시킨다.
- '무슨 뜻일까?' 질문에 아동이 추측하여 답한다.
- '뭘까?', '무슨 뜻이지?', '이걸까', '다른 것일까?' 등 다양한 생각언어를 말로 표현하도록 한다.
- 특정 장소를 통해 경험을 말하게 한다('공항에서 비행기를 보았어요' 등).
- 아동이 추측하면 과장되게 칭찬한다.

17

정서행동장애아동은 상징물을 유추하거나 상상하는 데 어려움이 있다. 특히, ADHD 아동이나 우울장애아동에게 반응을 이끌어 내기에 많은 노력이 필요하다. 언어는 상징성을 이해하는 과정이 필요한데, 이를 위하여 로고의 뜻을 알 수 있도록 돕기 위한 노력이 중요하다. 실제로 의사소통에 어려움을 갖는 정서행동장애아동에게 AAC 활동은 유용하다. 체험을 통해 로고를 수집하고, 장소나 행위와 연결 짓는 작업을 진행하도록 한다. 화장실, 버스 정류장, 공중전화, 공항, 주차장, 병원, 우체국 등에 방문할 때는 로고의 의미를 확인하도록 한다. 또래친구와 경쟁적으로 반응을 유도하여 흥미 있게 진행하도록 하고, 가족과 연계하여 체험활동과 연계하도록 한다.

● 프로그램 17 – 무슨 뜻일까? ●

1. 재료 준비 – 마분지, 색지, 로고, 로고에 맞는 글자
2. 활동 안내(무슨 뜻일까?)하기
3. 자주 보이는 상징물 수집하기
4. 상징물의 의미 말하기
5. 가림판 속 글자 유추하기
6. 장소와 연관 지어 말하기
7. 알아맞힌 친구 칭찬하기
8. 활동 참여에 대하여 칭찬하기

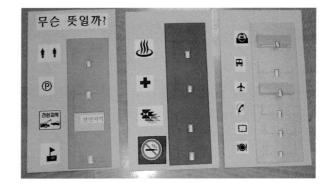

제18주

그림 보고 위치 바꾸기

 학습목표
그림을 통해 의미하는 바를 이해할 수 있다.

핵심역량
그림 이해, 모방, 위치 개념, 기준 개념 이해

준비물
마분지, 다양한 위치 바꾸기 삽화

 절차

- 4명의 아동이 일렬로 의자에 앉는다(가능하면 지원 가능한 봉사자, 실무원을 아동 뒤에 배치하여 필요한 경우 신체적 · 시각적 · 언어적 촉진법 사용).
- 자료와 같이 그림을 보고 위치에 맞게 서거나 앉는다는 설명을 듣는다.
- 일어서서 그림에 맞게 '일어서', '앉아' 등의 지시에 맞게 동작을 한다.
- 본격적인 활동을 하기 전에 간단한 동작을 따라 한다.
- '오른쪽', '왼쪽', '앉아', '일어서', '쭈그리고 앉아' 등의 지시를 듣고 동작을 바꾼다.
- 기준점을 정하고 지시에 따라 빠른 속도로 동작을 바꾼다.
- 여러 차례 동작을 듣고 위치를 바꾸고 지시에 따라 동작을 만든다.
- 2단계 지시에 맞게 위치를 바꾼다.
- 아동의 이름을 적고 자신에 해당되는 동작을 바꾸도록 주의를 기울인다.
- 음악에 맞게 동작을 전환한다.
- 아동이 수행하면 과장되게 칭찬한다.

 **Tips**

정서행동장애아동은 상징물을 이해하는 데 어려움이 있다. 우울장애를 가진 아동은 동작이 둔하고, 의욕이 없는 상태로 오랫동안 지내 왔기 때문에 활력을 돕기 위해 빠른 템포의 재미있는 활동이 필요하다. 본 활동은 여러 명의 또래가 왁자지껄하게 게임할 수 있는 항목이다. 아동의 이름에 맞게 동작을 따라 하고, 그림에 맞는 동작을 전환하는 동안 열정적으로 놀 수 있다. 그림이 의미하는 상징성은 향후 의사소통이나 기호 이해 등 인지발달에도 의미 있는 활동이다.

● 프로그램 18 – 그림 보고 위치 바꾸기 ●

1. 재료 준비 – 마분지, 다양한 위치 바꾸기 삽화
2. 활동 안내(그림 보고 위치 바꾸기)하기
3. 4인 1조로 서기
4. 그림 설명하기
5. 그림에 맞게 위치 바꾸기
6. 다양한 체조 동작 제안하기
7. 친구 이름을 바꾸도록 선택권 갖기
8. 바뀐 친구 위치 설명하기
9. 활동 참여에 대하여 칭찬하기

제 **19** 주

나무 이름 말하기

 학습목표

나무 이름 말하기를 통해 자연을 이해할 수 있다.

핵심역량

나무 개념 이해, 나무 구성 개념 이해, 의사소통, 글자 이해

준비물

마분지, 다양한 나무 사진, 나무 구조 사진, 각 나무 이름 명칭 글자, 풀, 코팅지

 절차

- 2~3명의 아동이 일렬로 의자에 앉는다(가능하면 지원 가능한 봉사자, 실무원을 아동 뒤에 배치하여 필요한 경우 신체적·시각적·언어적 촉진법 사용).
- '나무를 본 적이 있느냐'는 질문에 답한다.
- 나무의 구성요소에 맞게 뿌리, 잎, 줄기, 가지 등을 말한다.
- 아동이 알고 있는 나무 이름을 말해 보도록 한다.
- 자주 볼 수 있는 나무 사진과 이름을 잘라 마분지에 붙인다.
- 나무 이름을 말하고 글자와 일치시킨다.
- '오늘 본 나무 이름 말해 보자'라는 질문을 듣고 '감나무', '은행나무'라고 말한다.
- 나무 이름과 구조를 이어 말한다(은행잎, 단풍나무 뿌리 등).
- 아동이 수행하면 과장되게 칭찬한다.

 **Tips**

　　정서행동장애아동은 자연의 변화에 대하여 감지하기 어렵다. 불안장애아동의 경우 다른 사람과의 상호작용에 어려움이 있으므로 자신을 둘러싼 환경에 관심을 덜 갖기도 한다. 자연의 현상 중 나무는 우리 주변에서 흔한 자극이므로, 가정이나 지원기관에서 도움을 줄 수 있는 보편적인 자극이다. 소나무, 향나무 같은 관상수부터 감나무, 은행나무, 단풍나무, 이팝나무, 복숭아, 배, 사과, 포도 등의 과일나무에 이르기까지 다양한 이름을 익힐 수 있다. 산책 중이나 오고 가면서 사진을 찍고 동영상을 촬영하여 무료할 때 이름을 알려 주자. 책이나 화면에서 나오는 자극보다 훨씬 관심을 보이는 아동을 관찰할 수 있을 것이다.

● 프로그램 19 – **나무 이름 말하기** ●

1. 재료 준비－마분지, 다양한 나무 사진, 나무 구조 사진, 각 나무 이름 명칭 글자, 풀, 코팅지
2. 활동 안내(나무 이름 말하기)하기
3. 나무 사진 보여 주기
4. 나무 이름 말하기
5. 뿌리, 잎, 줄기, 가지 명칭 말하기
6. 나무 이름과 구조 명칭 말하기(감나무 잎)
7. 설명 듣고 명칭 말하기
8. 활동 참여에 대하여 칭찬하기

제 **20** 주

무슨 무늬일까?

 학습목표

부분을 보고 전체의 그림을 추측할 수 있다.

핵심역량

부분-전체, 천의 질감 변별, 추리하기, 글자 이해

준비물

마분지, 색종이, 다양한 무늬 사진, 무늬 명칭 글자

절차

- 2~3명의 아동이 일렬로 의자에 앉는다(가능하면 지원 가능한 봉사자, 실무원을 아동 뒤에 배치하여 필요한 경우 신체적 · 시각적 · 언어적 촉진법 사용).
- 천을 만져 보도록 하고, 각 무늬를 확인하도록 한다.
- '부드러워', '딱딱해' 등의 질감과 관련된 어휘를 반복해서 표현한다.
- 아동이 알고 있는 촉감을 말하게 한다.
- 네모 무늬, 격자 무늬 등 다양한 무늬와 관련된 어휘를 말하게 한다.
- 가림판으로 가리고 무늬를 추측하게 한다.
- '무슨 무늬일까?' 노래를 부르며 '알아맞혀 보세요'를 개사하여 표현한다.
- 추측하여 말하면 가림판을 열고 '정답!'을 외친다.
- 아동이 수행하면 과장되게 칭찬한다.

Tips

정서행동장애아동은 흥미가 적고 자극에 대한 반응이 느리거나 작다. 노래는 흥을 이끌고 리듬 있는 활동으로 전환하는 데 도움이 될 수 있다. 여러 명이 함께 부르는 노래활동은 기분을 전환시키는 데 효과적이다. 간단한 동작의 율동활동을 병행하면 금상첨화다.

무늬 같은 어려운 어휘를 익히는 것은 체험활동을 통해 체득하도록 한다. 유사하지만 다양한 무늬를 경험하도록 한다. 네모 모양, 동그라미 모양, 세모 모양, 물방울 모양, 격자 모양, 줄 모양 등 다양한 무늬를 경험하도록 한다.

♬ 알아맞혀 보세요
무슨 무늬일까 무슨 무늬일까 알아맞혀 보세요
랄랄랄 랄랄랄 랄랄랄 랄라
알았다! 알았다! 이건 물방울(동그라미, 네모, 격자 등) 무늬!!

● 프로그램 20 – 무슨 무늬일까? ●

1. 재료 준비－마분지, 색종이, 다양한 무늬 사진, 무늬 명칭 글자
2. 활동 안내(무슨 무늬일까?)하기
3. 무늬 사진 보여 주기
4. 무늬 이름 말하기
5. 무늬에 맞는 천 만져 보기
6. 부분을 보고 전체를 유추하기
7. 친구 칭찬하기
8. 활동 참여에 대하여 칭찬하기

제21주

아빠의 손

 학습목표
시를 읽고 그림과 글자의 의미를 알 수 있다.

핵심역량
읽기, 그림 이해, 리듬 있게 읽기, 감정언어 이해

준비물
마분지, 색지, 시구, 그림과 글자, 가위, 풀

 절차

- 2~3명의 아동이 일렬로 의자에 앉는다(가능하면 지원 가능한 봉사자, 실무원을 아동 뒤에 배치하여 필요한 경우 신체적·시각적·언어적 촉진법 사용).
- 시화를 보고 읽어 주면 모방한다.
- 손, 아빠, 길, 세상, 창문, 엄마, 비, 바람, 눈물 등 그림에 해당하는 말을 추측하게 한다.
- '~같아요'라고 생각을 말한다.
- 그림과 글을 완성하여 읽는다.
- 시의 음률에 맞게 읽는다.
- 발음이 정확하지 않아도 충분히 기다린다.
- 낭독의 기회를 준다.
- 합창을 하도록 하여 약점이 드러나지 않도록 한다.
- 아동이 할 수 있다면 시를 외우도록 기회를 준다.
- 수행하면 과장되게 칭찬한다.

 **Tips**

    정서행동장애아동은 자존감을 늘리고, 자신감을 증진시키는 활동이 무엇보다 선행되어야 한다. 세상에 혼자 던져진 듯한 광장공포나 대인공포증을 갖고 있는 아동일수록 안전한 환경이 도움이 될 수 있다. 낭독은 드러내기를 좋아하는 외현적 특성을 보이는 ADHD 아동에게 적합하다. ADHD 아동이 먼저 낭독하고, 다 같이 합창하면서 즐기는 시 낭송회는 글자나 그림의 이해 기능을 늘릴 수 있으면서도 자아개념을 늘리는 데 도움을 줄 수 있는 활동이다. 그림을 자르고 오려서 시구에 해당되는 부분에 붙이거나 글자를 따라 쓰는 활동도 아동의 흥미도에 따라 진행한다. 윤곽선을 주고 시각적 촉진활동도 흥미 있게 진행될 수 있다.

● 프로그램 21 – 아빠의 손 ●

1. 재료 준비 – 마분지, 색지, 시구, 그림과 글자, 가위, 풀
2. 활동 안내(아빠의 손)하기
3. 견본 보여 주기
4. 그림 붙이기
5. 그림을 말로 옮기기
6. 그림과 글자 옮기기
7. 시의 음률에 맞게 읽기
8. 활동 참여에 대하여 칭찬하기

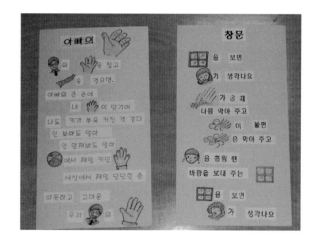

제 **22** 주

내가 가족을 위해 할 수 있는 일

 학습목표

가족을 위해 할 수 있는 일을 생각해 보고 문장의 의미를 알 수 있다.

핵심역량

읽기, 문장 이해, 감정언어 이해, 마음이론

준비물

마분지, 색상지, 이모티콘, 백지 A4 용지 1장, 내용 문구, 그림과 글자, 가위, 풀

 절차

- 2~3명의 아동이 일렬로 의자에 앉는다(가능하면 지원 가능한 봉사자, 실무원을 아동 뒤에 배치하여 필요한 경우 신체적 · 시각적 · 언어적 촉진법 사용).
- 가족을 위해 할 수 있는 일을 예문으로 주고 읽어 주면 모방한다.
- 가족의 의미를 설명한다. 엄마(아빠)가 하는 일을 묻고 대답한다. 각자의 엄마(아빠)가 어떤 직업을 가지고 있는지, 가정에서 하는 일을 자세히 말한다. 부모와 협의를 통해 내용을 확인하여 아동별로 질문한다. 형제, 자매가 있다면 주로 하는 일을 표현하도록 촉진한다.
- 아동 자신이 가족을 위해 할 수 있는 일을 말한다. 이때 전혀 할 수 없는 일('회사에서 일해요' 등)을 제시하여 '아니요'를 표현하고 몸짓을 사용하기
- 아동별로 할 수 있는 일을 더 찾아보도록 촉진한다.
- 친구들이 동조하도록 하고, 기회가 주어졌을 때 해야 할 말을 스크립하여 촉진한다.
- '우리 가족은요~' 시작을 위해 말을 하도록 연습한다.
- '화분에 물 줘요', '아빠 구두 닦아드려요', '신발을 가지런히 정리해요' 등 다양한 활동을 소개하도록 하고, 다른 친구의 한 일에 대하여 기억하도록 한다.
- 말하기 어려운 경우에는 내용을 적은 문구를 보드에 붙인다.

- 다 같이 읽어 본다.
- 가정에 돌아가서 한 일을 다음 시간에 확인하여 활동에 대한 긍정적 피드백을 제공한다.
- 수행하면 과장되게 칭찬한다.

 **Tips**

정서행동장애아동은 자기효능감을 늘리는 활동이 필요하다. 자신감을 가지고 칭찬을 받도록 유도하려면 쉬운 과제부터 성취감을 늘리도록 계획하도록 한다. 아동은 가정 안에서 쉽게 할 수 있는 일을 찾아내어 반복적으로 활동할 수 있다. 일종의 루틴 형성을 의미하는데, 이는 가정이 일상생활 안에서 가능하고, 칭찬의 기회와 보상의 기회를 일관성 있게 진행할 수 있는 활동이 가정에서 가능하기 때문이다. 쉽고 반복적인 활동을 통해 도움을 받기만 하는 것이 아니라 스스로 할 수 있는 일을 수행하는 즐거움을 갖게 하는 것이다. 활동 초기에는 보상과 칭찬을 집중적으로 제공하고, 차츰 도움의 정도를 줄여서 아동 스스로 성취감을 갖도록 일반화시켜야 한다.

● 프로그램 22 – 내가 가족을 위해 할 수 있는 일 ●

1. 재료 준비 – 마분지, 색상지, 이모티콘, 백지 A4 용지 1장, 내용 문구, 그림과 글자, 가위, 풀
2. 활동 안내(내가 가족을 위해 할 수 있는 일)하기
3. 견본 보여 주기
4. 생각하여 말하기
5. 문구 붙이기
6. 항목 붙이기
7. 함께 읽기
8. 서로 칭찬하기
9. 활동 참여에 대하여 칭찬하기

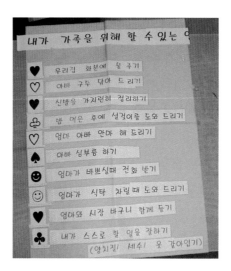

제 **23** 주

자랑하고 싶은
이야기

 학습목표

자랑활동을 통해 자기효능감을 기를 수 있다.

핵심역량

마음이론, 감정 공유, 감정언어, 자기효능감, 사회적 이야기, 자기조절

준비물

마분지, 색상지, 이모티콘, 종이 테이프, 백지 A4 용지 1장, 내용 문구, 그림과 글자, 색종이, 가위, 풀

 절차

- 2~3명의 아동이 일렬로 의자에 앉는다(가능하면 지원 가능한 봉사자, 실무원을 아동 뒤에 배치하여 필요한 경우 신체적 · 시각적 · 언어적 촉진법 사용).
- 자랑거리를 소개한다.
- 가족과 협의하여 아동별 자랑거리를 수집한 후에 맞춤형으로 제시한다.
- 친구의 자랑거리를 듣고 '정말 부럽다', '나도 하고 싶다', '나도 잘할 수 있다' 등의 감정 관련 표현을 촉진한다.
- '나도 할 수 있어'를 마음속으로 말하도록 격려한다.
- 자랑거리를 더 생각하고 시도한다.
- 윤곽선을 따라 자랑거리를 쓴다.
- 시도만으로도 칭찬한다.
- 자료를 참조하여 '자랑하고 싶은 이야기 책'을 만든다.
- 친구의 자랑거리에 함께 기뻐한다.
- 수시로 자랑 행동을 강화하고, 항목을 늘리도록 격려한다.

 **Tips**

　　정서행동장애아동의 효능감은 자존감으로부터 나온다. 실패의 반복적 경험은 의기소침해지고 세상을 향해 나오기 어렵게 만든다. 따라서 작은 자랑거리도 찾아내어 성취감을 느낄 수 있도록 도움을 주어야 한다. 아동이 할 수 있는 작업거리, 심부름 등을 계획적으로 개발하고, 활동을 할 때마다 사진을 찍거나 동영상을 촬영하여 근거를 남겨 두면 도움이 된다. 여러 사람 앞에서 자신이 한 활동에 대하여 자랑하도록 기회를 제공한다. ADHD 아동에게는 경험을 조직화하여 차근차근 설명하도록 도움을 준다. 불안한 아동에게는 얼마든지 안전한 환경이라는 확신을 주고, 대인 공포를 보이는 아동에게는 친구들이 자랑하는 모습을 보고 편안하게 의사표현할 수 있도록 기회를 준다. 강박적 성향이 있는 아동에게 자랑거리를 윤곽선을 그려 주고 베끼게 하여 실수를 받아들이고 조정하는 융통성 있는 활동을 제공한다. 스트레스장애 아동에게는 긴장을 완화할 수 있는 환경을 조성하여 나만의 강점을 펼칠 수 있는 기회를 제공한다.

◈ 프로그램 23 – 자랑하고 싶은 이야기 ◈

1. 재료 준비―마분지, 색상지, 이모티콘, 종이 테이프, 백지 A4 용지 1장, 내용 문구, 그림과 글자, 색종이, 가위, 풀
2. 활동 안내(자랑하고 싶은 이야기)하기
3. 제목 읽기
4. 생각하여 말하기
5. 스스로 만든 자랑 문구 쓰거나 견본 보고 베끼기
6. 항목 붙이기
7. 함께 읽기
8. 서로 칭찬하기
9. 활동 참여에 대하여 칭찬하기

제**24**주

나라를 대표하는 음식

 학습목표

나라의 개념을 알고 대표하는 음식과 짝지을 수 있다.

 핵심역량

사회 인지, 나라 명칭 이해, 음식 명칭 이해, 감정 공유, 자기조절

준비물

마분지, 색상지, 백지 A4 용지 1장, 내용 문구, 사진과 그에 맞는 글자, 색종이, 가위, 풀

절차

- 2~3명의 아동이 ㄷ자 배열로 책상을 놓고 의자에 앉는다(가능하면 지원 가능한 봉사자, 실무원을 아동 뒤에 배치하여 필요한 경우 신체적 · 시각적 · 언어적 촉진법 사용).
- 나라에 대한 경험을 말하면 따라 말한다.
- 한국, 일본, 중국 등 가까운 나라를 소개한다.
- 베트남, 인도, 독일, 프랑스 같은 대표적인 음식이 있는 나라를 소개한다.
- 한국-김치, 일본-초밥, 독일-소시지, 베트남-쌀국수, 인도-카레라이스, 프랑스-달팽이 요리 등을 소개한다.
- 잡지를 찾아 음식 장면을 가위로 오린다.
- 나라 이름과 짝짓기한다.
- 손을 들고 자신이 오려 낸 음식과 나라를 자랑한다.
- 자신의 차례가 오면 '저요!' 하고 손을 들도록 하고, 지명하면 설명한다.
- 다른 사람이 말할 때까지 기다리도록 규칙을 준다.
- 여행 경험을 말하고, 음식에 대하여 설명한다.
- '맛있다', '달콤하다', '짜다', '국물이 있다', '바삭바삭하다' 등의 언어 표현을 유도한다.

- 함께 읽는다.
- 나라 이름과 음식물 명칭을 윤곽선을 따라 그려서 글자를 베낄 수 있도록 한다.
- 친구는 '○○ 음식을 좋아한대요!'라고 표현하도록 하여 상대방에 대하여 인식하도록 격려한다.
- 서로 칭찬한다.

대표적으로 정서행동장애아동 중 외현적 장애는 품행장애와 ADHD 형태로 나타난다. 분노를 자주 표현하는 분노발작증후군 아동은 화의 원인부터 찾아내도록 하고, 적절한 수준의 정서표현을 완화하도록 자기표현을 돕는다. 파괴적 장애아동의 경우 규칙을 이해하지 못하거나 지키기 어려워한다. 관심 끌기 행동이 지나쳐서 집단활동에서 특히 비난받기 쉽다. 아동의 도전 행동에 대한 기능적 분석을 통하여 배경 원인, 사전 원인을 파악하여 예방전략을 세우는 것이 문제행동 이후의 중재전략보다 우선하도록 한다. 나라의 이름을 통해 해외에 대한 경험을 친구들에게 공유하도록 하고, 대표하는 음식을 소개하도록 역할을 준다. 대체 행동으로 적절한 관심을 주어 부적절한 관심 끌기를 차단할 수 있는 차별강화 기법이 유용하다. 대표적인 나라의 음식과 짝지어서 설명하도록 하되, 규칙에 따라 기다리기, 차례대로 말하기 등 충동 행동을 억제할 수 있는 기회를 제공한다. 위축되고 불안한 아동, 우울한 기분장애아동의 경우는 활기차게 진행하도록 격려한다.

🍃 프로그램 24 – 나라를 대표하는 음식 🍃

1. 재료 준비-마분지, 색상지, 백지 A4 용지 1장, 내용 문구, 사진과 그에 맞는 글자, 색종이, 가위, 풀
2. 활동 안내(나라를 대표하는 음식)하기
3. 제목 읽기
4. 생각하여 말하기
5. 대표적인 나라와 음식 경험 말하기
6. 함께 읽기
7. 서로 칭찬하기
8. 활동 참여에 대하여 칭찬하기

제 **25** 주

나라를 대표하는 옷이 있어요!

 학습목표

나라를 대표하는 옷을 알고 경험을 말할 수 있다.

핵심역량

사회 인지, 나라 명칭 이해, 의상 명칭 이해, 감정 공유, 자기조절

준비물

마분지, 색상지, 백지 A4 용지 1장, 내용 문구, 사진과 그에 맞는 글자, 색종이, 가위, 풀

 절차

- 2~3명의 아동이 ㄷ자 배열로 책상을 놓고 의자에 앉는다(가능하면 지원 가능한 봉사자, 실무원을 아동 뒤에 배치하여 필요한 경우 신체적 · 시각적 · 언어적 촉진법 사용).
- 나라에 대한 경험을 말하면 따라 말한다.
- 한국, 일본, 중국 등 가까운 나라를 소개한다.
- 각 나라의 독특한 민속의상에 대하여 설명한다.
- 잡지를 찾아 의상 부분을 가위로 오린다.
- 한국-한복, 일본-키모노 등 나라 이름과 민속의상을 연결 지어 붙인다.
- 손을 들고 자신이 오려 낸 의상과 나라를 설명한다.
- 자신의 차례가 오면 '저요!' 하고 손을 들도록 하고, 지명하면 설명한다.
- 다른 사람이 말할 때까지 기다리도록 규칙을 정해 준다.
- 여행 경험을 말하고, 경험한 의상에 대하여 설명한다.
- '멋지다', '근사하다', '시원해 보인다', '꽃무늬가 있다' 등의 언어 표현을 유도한다.
- 함께 읽는다.
- 나라 이름과 의상 명칭을 윤곽선을 따라 그려서 글자를 베낄 수 있도록 한다.
- 서로 칭찬한다.

Tips

정서행동장애아동은 지극한 관심과 정성이 필요한 아동이다. 그동안 칭찬보다는 실망감 등 부정적 피드백을 경험했기 때문이다. 여행은 아동을 둘러싼 환경에서 벗어나 다른 프레임의 정서를 경험할 수 있으므로 가능한 자주 시행한다. 세계 여러 나라를 경험하기 위해서는 각 나라의 문화를 선행하여 학습할 필요가 있다. 의식주는 대표적인 항목이 된다. 의상은 민족 특유의 특성을 보일 수 있으므로, 각 나라에 따라 전통적으로 내세우는 개념이 있다. 따라서 일관된 도움을 위해서 변별 가능한 의상을 사용하여 지원하면 좋다. 따라서 다소 어려운 나라의 이름과 그 나라의 독특한 의상을 알려 준다. 여행이 어렵다면, 매체, 동영상이나 국내에서 자주 볼 수 있는 외국인, 다문화 친구들과 함께 할 수 있도록 프로그램을 고안한다. 특히, 국제 스포츠 무대나 각종 엑스포 같은 자연스러운 세계인의 행사를 놓치지 말고 아동들에게 직간접적으로 경험하도록 지원한다.

● 프로그램 25 – 나라를 대표하는 옷이 있어요! ●

1. 재료 준비－마분지, 색상지, 백지 A4 용지 1장, 내용 문구, 사진과 그에 맞는 글자, 색종이, 가위, 풀
2. 활동 안내(나라를 대표하는 옷이 있어요) 하기
3. 제목 읽기
4. 생각하여 말하기(한복, 키모노 등)
5. 대표적인 나라와 옷 이름 말하기
6. 함께 읽기
7. 서로 칭찬하기
8. 활동 참여에 대하여 칭찬하기

제**26**주

옛날에는……

 학습목표
과거와 현재의 도구의 변화를 설명할 수 있다.

 핵심역량
시간 개념, 공간 개념 이해, 마음이론, 의사소통, 주변 인식, 자기조절

준비물
마분지, 색상지, 백지 A4 용지 1장, 내용 문구, 사진과 그에 맞는 글자, 색종이, 가위, 풀

 절차

- 2~3명의 아동이 ㄷ자 배열로 책상을 놓고 의자에 앉는다(가능하면 지원 가능한 봉사자, 실무원을 아동 뒤에 배치하여 필요한 경우 신체적·시각적·언어적 촉진법 사용).
- 가전제품을 보여 주고 본 적이 있느냐고 질문하여 대답을 유도한다.
- 선풍기, 에어컨, 밥솥, 믹서기를 설명하도록 격려한다.
- 아동의 대답에 칭찬하고, 옛날에는 부채, 솥, 맷돌을 사용했음을 설명한다.
- 아동의 반응을 흥미진진하게 유도하고, 서로 표현하도록 격려한다.
- 가능하면 실물을 보여 주거나 동영상을 사용하여 현재와 대비시켜 알려 준다.
- 잡지나 사진을 마련하여 가위로 오리고 붙이도록 지원한다.
- 글자를 오리거나 쓰도록 하고, 각 항목에 맞게 붙인다.
- 보드판에 준비된 옛날 물건과 현재 사용하는 물건을 대비하여 설명하도록 한다.
- 자신의 차례가 오면 '저요!' 하고 손을 들도록 하고, 지명하면 설명한다.
- 다른 사람이 말할 때까지 기다리도록 하고 규칙에 응하면 과도하게 칭찬한다.
- '편리하다', '불편했겠다', '멋지다', '근사하다', '국내 여행 중 옛날 집에서 본 적이 있다', 'TV에서 봤다', '나는 못 봤다' 등의 다양한 표현을 유도한다.
- 친구의 설명에 '맞아, 나도 못 봤어!' 등의 동조하는 표현을 유도한다.

- 제스처도 함께 사용하도록 지원한다.
- 함께 읽는다.
- 옛날 물건과 현재 물건의 이름을 윤곽선을 따라 그려서 글자를 베낄 수 있도록 한다.
- 서로 칭찬한다.

 **Tips**

정서행동장애아동은 주변에 관심이 적다. 내현적 아동의 경우 자신의 문제에 에너지를 쏟느라 주변까지 에너지를 쏟기에는 역부족이다. 비장애 아동의 경우에도 시간의 흐름을 알려 주는 것은 매우 어려운 작업이다. 따라서 매일의 생활을 통해 어제, 오늘, 내일의 개념을 알려 주어야 한다. 일상생활 중 주로 사용하는 의식주 생활은 세월에 따라 많은 변화가 있었고, 기능이나 디자인의 변화를 겪었다. 그때마다 달라진 성능이나 디자인보다는 본질은 유사하나 형태가 변화되었음을 일상생활을 통해서 알려 줄 수 있도록 가족과의 협력이 필요하다. 외현적 아동의 경우에는 조직적이고 체계적으로 정보를 통합하는 방법을 알려 줄 필요가 있다. 차분하게 설명을 듣고 자기조절 능력을 키우도록 도와주어야 한다. 자기 차례가 올 때까지 기다리는 것, 친구에게 양보하는 것, 타협하는 것 등을 통해 성공 경험을 늘리도록 지원한다.

프로그램 26 – 옛날에는······

1. 재료 준비-마분지, 색상지, 백지 A4 용지 1장, 내용 문구, 사진과 그에 맞는 글자, 색종이, 가위, 풀
2. 활동 안내(옛날에는······)하기
3. 제목 읽기
4. 생각하여 말하기(부채-선풍기-에어컨 등)
5. 솥-전기밥솥, 맷돌-믹서기 등 다양한 일상용품의 사진 보고 말하기
6. 함께 읽기
7. 서로 칭찬하기
8. 활동 참여에 대하여 칭찬하기

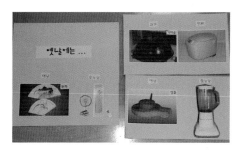

제**27**주

나라를 대표하는 노래가 있어요!

 학습목표

나라의 개념과 대표적인 국가에서 사용하는 노래에 대하여 설명할 수 있다.

핵심역량

나라 개념 이해, 마음이론, 의사소통, 경청, 음악 인지, 자기조절

준비물

마분지, 색상지, 백지 A4 용지 1장, 내용 문구, 사진과 그에 맞는 글자, 색종이, 가위, 풀, 각 나라 국가 영상 자료, 녹음 자료

 절차

- 2~3명의 아동이 일렬로 의자에 앉는다(가능하면 지원 가능한 봉사자, 실무원을 아동 뒤에 배치하여 필요한 경우 신체적 · 시각적 · 언어적 촉진법 사용).
- 애국가를 들려주고 들은 적이 있는지 대답을 유도한다.
- TV나 스포츠 행사 중 애국가를 사용한다는 점을 알려 준다.
- 가사를 단서로 주고, 함께 부르도록 격려한다.
- 다른 나라 이름과 국기를 알려 준다. 미국, 일본, 중국 등 자주 경험한 나라의 국기를 보여 주고, 태극기와 대비하여 설명한다.
- 나라마다 그 나라를 대표하는 노래가 있음을 알려 준다.
- 각 나라의 이름을 알려 주고, 그 나라의 국가를 틀어 준다.
- 가능하면 함께 부른다. 흥얼거리거나 국기에 대하여 경례 형식을 취하면서 역할 놀이한다.
- 각 나라의 국기를 오려 붙인다.
- 나라의 이름을 오려 국기 옆에 붙인다.
- 각 나라에 맞게 국가를 들려준다.
- 노래를 듣고 '어떤 나라 노래일까?' 질문에 손을 들고 대답한다.

- 차례에 따라 기회를 받는다. 틀려도 격려한다.
- 규칙을 따르도록 하고, 참여에 대하여 과도하게 칭찬한다.

 **Tips**

　생태학적 관점에서 국가 단위를 알려 주는 것은 고난이도 작업이다. 더구나 주변에 관심을 갖기 어렵고, 잠재학습, 우연학습에 어려움을 갖는 정서행동장애아동을 가르치기에는 반복적이고 조직화된 교수전략이 필요하다. 한 나라의 국가도 부르기에 어려운데 다른 나라의 국가까지 알려 주는 활동이 과연 필요한가 생각하기 쉽다. 하지만 가르치기 어려운 개념일수록 조기개입하여 반복적이고, 아동의 수준에서 알 수 있도록 교수적 수정이 필요하다. 국제화 시대에 다른 나라 국가에 대하여 관심을 갖고, 향후 스포츠 관람이나 TV 매체, 각종 동영상 등의 영상매체를 개념화하도록 직간접적으로 지원하도록 한다. 다문화 아동을 이해하고 다름을 알려 주는 좋은 자극을 주는 활동이다. 내면화된 아동에게는 자신감을 늘리고, 실패를 최소화하도록 지원한다. 외현화된 아동의 경우 규칙에 응하면 긍정적인 피드백을 받는다는 경험을 자주 갖게 한다. 이를 위해 가능한 루틴에 포함시켜 다른 나라의 국가를 자주 듣는 경험이 필요하다.

◉ 프로그램 27 – 나라를 대표하는 노래가 있어요! ◉

1. 재료 준비 – 마분지, 색상지, 백지 A4 용지 1장, 내용 문구, 사진과 그에 맞는 글자, 색종이, 가위, 풀, 각 나라 국가 영상 자료, 녹음 자료
2. 활동 안내(나라를 대표하는 노래가 있어요!)하기
3. 제목 읽기
4. 애국가(대한민국 – 태극기) 들려주기
5. 미국, 영국, 일본, 프랑스 등 국가와 국기 사진 보고 말하기
6. 각 나라의 국가 듣고 말하기
7. 함께 읽고 노래 부르기
8. 서로 칭찬하기
9. 활동 참여에 대하여 칭찬하기

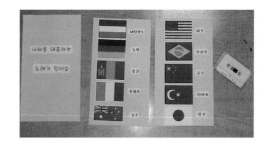

제 **28** 주

자랑스러운 태극기

 🎯 **학습목표**

우리나라 국기에 대하여 알고 상황에 맞게 에티켓 동작을 보일 수 있다.

 🎯 **핵심역량**

나라 개념 이해, 국기 개념 이해, 국민의례 이해, 자기조절

🎯 **준비물**

마분지, 색상지, 백지 A4 용지 1장, 내용 문구, 사진과 그에 맞는 글자, 태극기 문양, 가위, 풀, 크레파스

🌸 **절차**

- 2~3명의 아동이 ㄷ자 배열로 책상을 놓고 의자에 앉는다(가능하면 지원 가능한 봉사자, 실무원을 아동 뒤에 배치하여 필요한 경우 신체적·시각적·언어적 촉진법 사용).
- 태극기를 보여 주고, 본 적이 있는지 대답을 유도한다.
- 국기에 대하여 경례 구령에 맞게 가슴에 손을 얹거나 방향으로 몸을 돌려 서도록 한다.
- '국기에 대한 맹세'를 읽는 동안 같은 동작을 유지하도록 돕는다.
- 국민의례가 필요한 이유를 말한다.
- 손을 들고 순서에 맞게 태극기에 대하여 경례했던 경험, 국기 계양 경험 등을 설명하도록 기회를 준다.
- 달력을 찾아 국경일에 국기를 계양함을 알려 주고, 실제 계양된 모습을 동영상으로 보여 준다.
- 책상 위에 태극기 문양을 주고, 건곤이감과 창조음양의 태극 문양에 대한 설명을 듣는다.
- 모양에 따라 가위로 자르고 붙이는 작업을 통해 필요한 언어를 촉진한다('가위 주세요', '풀 주세요', '도와주세요', '이게 뭐예요?', '어떻게 하는 거예요?' 등).
- 각 문양의 뜻을 설명하면 듣고, 모양에 맞는 색을 칠하도록 한다.

- 파랑, 빨강, 흰색 바탕, 검정색 괘에 대한 이름을 구분한다.
- 주의를 기울여서 정확하게 칠한다. 크레파스를 선택하면서 많은 색 중에 골라 칠하도록 기회를 준다.
- 순서에 맞게 자랑한다. 발표 순서를 정할 때는 손을 들도록 하고, 호명에 따라 발표한다.
- 규칙을 따르도록 하고, 참여에 대하여 과도하게 칭찬한다.

 **Tips**

상징을 이해시키기는 어렵다. 그만큼 추상화된 개념이기 때문이다. 대부분의 로고나 상징물들은 추상적인 개념이라 구체물과 연결시켜 이해시키도록 한다. 태극기는 문양에 따라 동그라미, 태극무늬, 네모, 선 등 다양한 상징으로 만들어졌다는 매우 고도화된 개념이다. 특히, 태극 문양의 창조음양, 건(하늘, 봄, 동쪽), 곤(땅, 여름, 서쪽), 이(해, 가을, 남쪽), 감(달, 겨울, 북쪽)을 의미함을 가르치기에는 매우 어렵다. 그러나 어려운 개념일수록 조기에 개입하여 아동의 발달수준에서 이해할 수 있는 다양한 교수기법을 사용하여 반복하는 것이 중요하다. 정서행동장애의 유형에 관계없이 활동 참여를 유도하고, 흥미를 이끌어 아동 스스로 자발적으로 참여하도록 한다. 특히, 외현화된 아동의 경우 색칠하기, 손 들고 순서 기다려서 발표하기 등의 활동을 통해 스스로를 규제하고 충동성을 조절하도록 도움 줄 수 있다. 내현화된 아동의 경우 안전한 환경에서 편안한 활동을 하도록 지원하고, 도전하고 실패하더라도 편안하게 인정받을 수 있는 분위기를 조성한다. 학교 등 사회화 과정에서 자주 접하는 국민의례의 루틴을 형성하여 학교 적응과 지역사회 적응활동으로 연계한다.

프로그램 28 – 자랑스러운 태극기

1. 재료 준비－마분지, 색상지, 백지 A4 용지 1장, 내용 문구, 사진과 그에 맞는 글자, 태극기 문양, 가위, 풀, 크레파스
2. 활동 안내(자랑스러운 태극기)하기
3. 제목 읽기
4. 대한민국－태극기－창조음양－건곤이감 문양 말하기
5. 문양에 색칠하기
6. 색 이름 말하기(파랑, 빨강, 검정, 흰색)
7. 읽고 말하기
8. 서로 칭찬하기
9. 활동 참여에 대하여 칭찬하기

제**29**주

약도 말하기

 학습목표

지역사회 개념을 알고, 약도를 통해 내 주변 장소에 대하여 설명할 수 있다.

핵심역량

지역사회 개념, 상징 이해, 이웃과의 에티켓 이해, 장소 인지, 위치 개념, 사회 인지

준비물

마분지, 색상지, 백지 A4 용지 1장, 내용 문구, 약도 사진과 그에 맞는 글자, 약도, 가위, 풀, 크레파스

 절차

- 2~3명의 아동이 ㄷ자 배열로 책상을 놓고 의자에 앉는다(가능하면 지원 가능한 봉사자, 실무원을 아동 뒤에 배치하여 필요한 경우 신체적 · 시각적 · 언어적 촉진법 사용).
- 약도를 보여 주고, 본 적이 있는지 대답을 유도한다.
- 주변에 있는 장소의 이름을 말하도록 격려한다.
- 특정 장소를 중심으로 상, 하, 좌, 우, 앞, 뒤에 있는 장소를 표시하도록 지원한다.
- 편의점, 식당 등 자주 경험한 활동을 위주로 설명한다.
- 학교, 도서관, 역 등 공공장소의 이름을 말한다.
- 위치에 대한 단서를 주고 사진을 붙인다.
- 장소 명을 가위로 잘라 위치에 맞게 붙인다.
- 약도에 대하여 설명한다. 위치에 따라 기준점을 중심으로 위, 아래, 앞, 뒤, 왼쪽, 오른쪽을 사용하여 설명한다.
- 순서에 맞게 자랑한다. 발표 순서를 정할 때는 손을 들도록 하고, 호명에 따라 발표한다.
- 규칙을 따르도록 하고, 참여에 대하여 과도하게 칭찬한다.

Tips

　　약도는 장소에 대한 명칭을 가르치에 유용한 활동이다. 정서행동장애아동의 주변에 대한 무관심과 체계화되지 않은 규칙을 루틴을 통해 도울 수 있는 보편적 설계다. 내현화된 아동의 경우, 매일의 일상생활 중 특정 장소를 중심으로 앞, 옆, 뒤, 위, 아래 등을 자연스럽게 알려 줄 수 있다. 우리 집 앞에 있는 편의점, 편의점 위에 있는 도서관 등 장소와 위치어를 지속적으로 자극할 수 있다. 약도는 장소를 시각화하는 작업이 선행되어야 효과적으로 가르칠 수 있다. 사진을 통해 반복적으로 시각화하고, 시각화한 이미지를 그림으로 그려 내도록 활동에 포함한다. 길, 집, 도서관, 학교 등을 그려 두고 그림으로 일치시키도록 하는 작업은 평소 지역사회에 대해 관심을 갖게 하는 효과적인 교수학습지원이 될 것이다. 편의점 직원과 인사하기, 돈을 지불하고 물건 사기, 도서관에서는 조용히 하기, 세탁소에 옷 맡기기, 대형마트에서 쇼핑하기, 기차 타기, 지하철에서 다른 사람 방해하지 않기 등 약도 그리는 작업을 하는 동안 가까운 이웃이나 지역사회에 대한 에티켓을 병행하여 가르칠 수 있다.

❧ 프로그램 29 - 약도 말하기 ❧

1. 재료 준비-마분지, 색상지, 백지 A4 용지 1장, 내용 문구, 약도 사진과 그에 맞는 글자, 약도, 가위, 풀, 크레파스
2. 활동 안내(약도 말하기)하기
3. 제목 읽기
4. 내가 살고 있는 주변 사진 보여 주기
5. 위치에 맞게 사진 붙이기
6. 주위에 보이는 장소 이름 말하기
7. 장소를 기준으로 위, 아래, 오른쪽, 왼쪽 이름 말하기
8. 서로 칭찬하기
9. 활동 참여에 대하여 칭찬하기

제 **30** 주

병뚜껑 브로치 만들기

 학습목표

재활용품 사용이 지구 건강에 미치는 영향을 설명할 수 있다.

 핵심역량

지구 살리기, 재활용품 사용, 협응활동, 신체상

 준비물

마분지, 색상지, 백지, 가위, 풀, 순서를 기록한 문구, 병뚜껑, 아크릴 물감, 장식재료, 옷핀, 본드

절차

- 2~3명의 아동이 ㄷ자 배열로 책상 앞에 앉는다(가능하면 지원 가능한 봉사자, 실무원을 아동 뒤에 배치하여 필요한 경우 신체적·시각적·언어적 촉진법 사용).

- 병뚜껑을 사용하여 브로치를 만들어 감상한다.

- 버려지는 물건을 사용하여 재활용한 다양한 물건을 감상하면서 어떤 느낌인지를 말한다.

- 지구를 건강하게 하기 위해 버려지는 물건을 재활용하는 것이 중요하다고 말한다.

- 재료를 책상에 준비해 주고 각각의 물건의 사용법을 말한다.

- 브로치 만들기 과정을 가위로 자르고 붙인다.

- 순서를 읽고, 만드는 방법을 말한다. '칠하기', '말리기', '붙이기', '장식하기' 등의 동사를 표현할 기회를 갖는다.

- 병뚜껑에 아크릴 물감을 칠한다. 잘 말린 후 본드를 사용하여 장식 재료를 붙인다.

- 잘 말린 후 옷핀을 본드로 붙인다.

- 완성 후 모자나 옷에 꽂는다. 거울을 보고 자긍심을 표현한다. 친구의 반응을 구한다.

- 활동하는 동안 '예쁘다', '근사하다', '귀엽다', '멋지다' 등의 형용사를 표현할 기회

를 준다.

● 자랑한다. 친구의 자랑에 함께 동조하고, 함께 기뻐한다.

Tips

정서행동장애아동에게 지역사회를 중심으로 한 실제적 활동은 효과적이다. 추상적 개념을 실제로 적용하기 어렵기 때문이다. 아동을 중심으로 한 환경을 중요하게 여기는 이유다. 지역사회의 범위는 가정, 유치원, 학교, 지역사회, 국가, 우주까지 확대되어 진행되어야 한다. 일상생활에 미치는 영향을 중심으로 도움을 주기 위하여 다각적인 접근이 필요하다. 우주까지 확장된 개념 형성을 위해서는 환경오염으로 인한 지구 생태계의 변화를 연계시켜 진행되어야 하는데, 최근에 이슈되고 있는 미세먼지나 환경오염으로 확장될 필요가 있다. 환경교육의 대표적인 제재는 재활용품을 사용한 교육을 포함할 수 있다. 본 차시는 뚜껑을 모아 브로치를 만드는 활동을 통해 소근육 운동이나 협응활동을 증진시키고, 환경오염으로부터 지구를 지킬 수 있다는 실제적인 환경교육을 도울 수 있다. 아크릴 물감의 신선감이나 본드로 장식하는 과정, 핀을 부착하여 모자나 옷을 꾸미는 실제적인 활동이 과학적 사고와 미학적 활동을 융합하는 과정으로서도 의미 있다. 활동 결과로 꾸미는 활동은 자기효능감을 늘리고 자존감 증진에 중요한 활동이다. 가족과의 협력을 통해 만들어진 매력적으로 만들어진 브로치를 선물하거나 사용할 수 있도록 권장하면 의사표현 활동에도 효과적이다.

● 프로그램 30 – 병뚜껑 브로치 만들기 ●

1. 재료 준비－마분지, 색상지, 백지, 가위, 풀, 순서를 기록한 문구, 병뚜껑, 아크릴 물감, 장식 재료, 옷핀, 본드
2. 활동 안내(병뚜껑 브로치 만들기)하기
3. 제목 읽기
4. 절차를 읽으면서 활동과정 보여 주기
5. 절차에 따라 활동하기
6. '칠하기', '말리기', '붙이기', '장식하기' 등의 동사 말하기
7. '예쁘다', '근사하다', '귀엽다', '멋지다' 등의 형용사 말하기
8. 서로 칭찬하기
9. 활동 참여에 대하여 칭찬하기

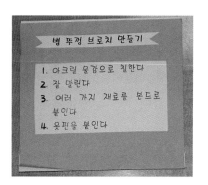

제 **31** 주

여러 가지 꽃

 학습목표

여러 가지 꽃의 이름을 말하고, 감사하는 마음을 표현한다.

 핵심역량

꽃 이름 이해, 자연에 대한 이해, 색 명칭 이해

준비물

마분지, 색상지, 백지, 가위, 풀, 꽃 사진과 이름 적힌 글자

 절차

● 2~3명의 아동이 ㄷ자 배열로 책상 앞에 앉는다(가능하면 지원 가능한 봉사자, 실무원을 아동 뒤에 배치하여 필요한 경우 신체적 · 시각적 · 언어적 촉진법 사용).

● 꽃을 본 적이 있냐고 묻는다.

● 아동이 반응하면 흥을 돋우어 다른 아동들에게 활기찬 반응을 하도록 촉진한다.

● 아름다운 꽃 모양을 보고 향기를 맡는다.

● 꽃 모양의 사진이나 잡지를 꽃 모양으로 자른다. 붙일 위치에 단서를 주고 그 위치에 모양을 풀로 붙인다.

● 꽃 이름을 문자와 일치하도록 기회를 준다.

● 꽃 색깔을 말한다. 분홍 나팔꽃, 희색 무꽃, 희색 백합꽃 등의 문구를 말한다.

● 활동하는 동안 '예쁘다', '근사하다', '귀엽다', '멋지다' 등의 형용사를 표현할 기회를 준다.

● 자랑한다. 친구의 자랑에 함께 동조하고, 함께 기뻐한다.

31

Tips

　　정서행동장애아동에게 자연은 안전기지다. 누구에게도 해하지 않고 아낌없이 주는 나무 같은 존재이기 때문이다. 길가에 풀, 아무도 돌보지 않아도 피어나는 야생화 등 언제든 마음을 어루만져 주고 평안함을 주는 존재로 그려져 있다. 오가며 볼 수 있는 익숙한 꽃 이름을 익히면서 아름다움에 대하여 생각하고, 꽃 이름을 질문하면서 상호작용을 늘릴 수 있다. 의사소통 기능이 필요한 경우 언어활동을 활발하게 할 수 있는 좋은 재료가 된다. 꽃을 소재로 한 잡지나 재료를 차근차근 모아 두었다가 잘라 보고 붙여 보는 활동을 자유롭게 하도록 가족지원하면 좋다. 꽃 이름, 모양, 생태, 색깔 등을 편안하게 이야기해 본다. 힐링 되는 느낌을 받을 것이다. 활동하는 동안 '예쁘다', '근사하다', '귀엽다', '멋지다', '향기롭다' 같은 언어를 사용하도록 촉진한다.

● 프로그램 31 – 여러 가지 꽃 ●

1. 재료 준비─마분지, 색상지, 백지, 가위, 풀, 꽃 사진과 이름 적힌 글자
2. 활동 안내(여러 가지 꽃)하기
3. 제목 읽기
4. 절차를 읽으면서 활동과정 보여 주기
5. 절차에 따라 활동하기(꽃 그림에 맞는 글자 붙이기)
6. 꽃 이름 읽고 말하기
7. 빨간 꽃, 분홍 꽃, 하얀 꽃 등 색 이름과 꽃 이름 연결하여 말하기
8. '예쁘다', '멋지다' 등의 형용사 말하기
9. 서로 칭찬하기
10. 활동 참여에 대하여 칭찬하기

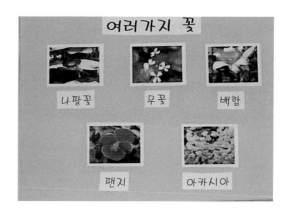

제 **32** 주

우리나라의 말과 글

 학습목표
한글과 우리말의 구조와 특징을 알고 설명할 수 있다.

 핵심역량
나라 이름, 닿소리 · 홀소리의 한글의 구조 이해, 의사소통

준비물
마분지, 색상지, 백지, 가위, 풀, 수수께끼 문구, 포스트잇

 절차

- 2~3명의 아동이 ㄷ자 배열로 책상 앞에 앉는다(가능하면 지원 가능한 봉사자, 실무원을 아동 뒤에 배치하여 필요한 경우 신체적 · 시각적 · 언어적 촉진법 사용).
- '가나다라마바사~' 노래를 부른다.
- 한글을 옛날에는 훈민정음이라고 불렀다는 설명을 듣는다.
- 수수께끼를 듣고 '가'로 시작하는 말을 설명하고 모르면 '노래 잘하는 사람'이라고 단서를 준다.
- 시작하는 말을 다양하게 생각하도록 유도한다.
- 문장을 잘라 위치에 붙인다.
- 수수께끼를 가림판으로 가리고 대답을 추측한다.
- 근접하게 생각하도록 문장을 읽어 준다.
- '뭐지?', '무얼까?', '생각나', '~라고 생각해요'라고 표현한다.
- 고개를 갸우뚱 하는 동작을 따라 한다.
- 추측한 말을 표현하면서 '맞아, 그거야!'라고 동조한다.
- 난이도를 높여 닿소리와 홀소리가 있음을 설명한다.
- 잘했다고 칭찬한다.

 **Tips**

　　정서행동장애아동에게 의사소통 프로그램은 도전적 과제다. 말을 하고 싶지 않은 선택적 함묵증부터 발달에 어려움이 있어서 의사소통을 할 수 없는 반응성 애착장애, 성급하게 표현하여 사회 인지가 어려운 ADHD 아동까지 다양한 스펙트럼에 놓여 있다. 우리나라 말에 대한 구조를 지원하는 것은 의사소통에서 중요한 요소다. 한글을 만든 세종대왕, 옛날에는 훈민정음이라고 부른 사실, 닿소리, 홀소리, 조합한 다양한 의사소통활동은 긴 기간을 걸쳐 지원해야 하는 교수-학습 항목이다. 수수께끼를 통해 ' ~으로 시작하는 말'을 익혀 추상화되고 상징적인 언어를 구체적으로 알 수 있도록 하는 교수적 수정이 필요하다. 자료에는 가수, 가면, 라면, 바퀴, 송아지, 아줌마 등을 유추하기 위하여 문장을 구성하여 수수께끼를 진행하는 예시를 나타냈다.

● 프로그램 32 – **우리나라의 말과 글** ●

1. 재료 준비−마분지, 색상지, 백지, 가위, 풀, 수수께끼 문구, 포스트잇
2. 활동 안내(우리나라의 말과 글)하기
3. 제목 읽기
4. 수수께끼 활동 순서 말하기
5. 수수께끼를 읽고 훈민정음, 닿소리, 홀소리 구조를 말하기
6. 가수 등 정답을 가리고 추측하기
7. 정답을 가리고 다양한 대답 유도하기
   ('무얼까?', '생각나', '~라고 생각해요'라고 표현하기)
8. 추측한 글자 확인하기
9. 서로 칭찬하기
10. 활동 참여에 대하여 칭찬하기

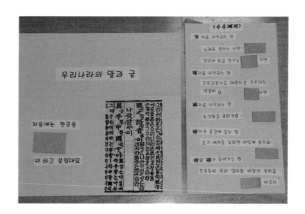

외국인 친구에게 우리나라 자랑하기

제 **33** 주

학습목표
외국 친구에게 한국의 대표적인 문화재, 관광지를 소개하고, 문화에 대한 자긍심을 기른다.

핵심역량
문화 이해, 나라 이해, 관심 공유

준비물
마분지, 색상지, 백지, 가위, 풀, 사물놀이, 청와대, 민속촌, 가야금, 유람선, 태권도 등의 대표적인 명승지, 문화 소개하는 사진과 글자

절차

- 2~3명의 아동이 ㄷ자 배열로 책상 앞에 앉는다(가능하면 지원 가능한 봉사자, 실무원을 아동 뒤에 배치하여 필요한 경우 신체적·시각적·언어적 촉진법 사용).
- 남대문, 민속촌 등의 한국의 대표적인 명소를 보고 경험을 말한다.
- 외국인 친구를 만나면 자랑거리를 생각해 보도록 한다.
- 경험에 근거하여 설명하면 동조한다.
- 사물놀이, 청와대, 가야금, 태권도 등의 사진을 잡지에서 오려 아동에게 나누어 준다.
- 가위로 오리고, 정한 위치에 붙인다.
- 글자도 사진에 맞게 위치하여 풀로 붙인다.
- 자랑하는 말 속에 여행 경험, 'TV에서 봤어' 등 다양하게 표현하도록 유도한다.
- 친구의 설명에 칭찬한다.
- 우리나라에 다양한 외국인 친구, 다문화 친구가 있음을 확인한다.

33

Tips

　여가기술은 정서행동장애아동에게 아무리 강조해도 지나치지 않는다. 그만큼 예술활동이 정서를 편안하게 하고, 자신감을 회복시키는 데 도움이 된다는 것이다. 글로벌 시대에 많은 외국인 친구가 한국에 있고, 다문화 친구들을 만날 기회가 있으므로, 우리 문화를 소개할 기회가 많아진다. 평소 가족과 함께 방문했던 각종 여행지나 관광지를 활용하여 문화 예술교육을 실시하면 좋다. 자랑하기 과정을 통하여 나의 관심사를 상대방에게 알려 주는 역할이 중요하다. 이 과정은 의사소통에 좋은 도움이 될 수 있고 긴장을 완화하면서 지속적으로 돕는 항목이 된다. 사물놀이는 간단하면서도 흥을 돋울 수 있는 놀이기술이나 소리에 민감한 아동의 경우는 단계적으로 돕는 것이 좋다. 가야금 소리, 태권도 등의 행사 항목을 동영상을 통해 즐기고, 각 항목에 대한 느낌을 표현하도록 격려한다. 자랑에 사용하는 어휘나, 부러워하는 제스처 표현 등을 일상생활 안에서 일반화 과정을 통해 더욱 견고해진다.

● 프로그램 33 – 외국인 친구에게 우리나라 자랑하기 ●

1. 재료 준비－마분지, 색상지, 백지, 가위, 풀, 사물놀이, 청와대, 민속촌, 가야금, 유람선, 태권도 등의 대표적인 명승지, 문화 소개하는 사진과 글자
2. 활동 안내(외국인 친구에게 우리나라 자랑하기)하기
3. 제목 읽기
4. 경험 유도하기(외국인을 만난 적 있나요? 등)
5. 문화 체험 경험 말하기(민속촌을 가 본 적이 있나요? 등)
6. 문화활동 체험 말하기(사물놀이를 TV에서 본 적 있나요? 등)
7. 외국 친구를 만나면 자랑하기
8. 사진과 그림 붙이기
9. 자료 보고 우리나라의 명소, 문화 설명하기
10. 활동 참여에 대하여 칭찬하기

제**34**주

다른 나라 인사법

 학습목표

다른 나라의 인사법을 알고, 국제화 시대에 다른 나라에 대한 관심을 표현한다.

핵심역량

다른 나라 문화 이해, 다른 나라 이해, 관심 공유, 추측하기

준비물

마분지, 색상지, 백지, 가위, 풀, 포스트잇, 다른 나라 인사법 소개하는 사진과 글자 물음표(?)

 절차

- 2~3명의 아동이 ㄷ자 배열로 책상 앞에 앉는다(가능하면 지원 가능한 봉사자, 실무원을 아동 뒤에 배치하여 필요한 경우 신체적·시각적·언어적 촉진법 사용).
- 다른 나라 인사말을 들려준다.
- 영어나 일본어로 인사말을 흉내 낸다.
- 다른 나라 이름을 말하고, 문장을 읽어 주며 인사법을 알려 준다.
- 각 나라와 인사말을 가위로 오려 풀로 붙이는 활동을 한다.
- 문장을 읽고 문장에 맞게 나라 이름을 붙인다.
- 악수, 고개 숙여 인사하기, 코를 비비기 등의 몸짓을 따라 한다.
- '오리다', '붙이다' 등의 어휘를 사용하도록 한다.
- (?) 위치에 맞게 붙이고 가림판을 가린다. '뭐지?', '무엇일까?' 어휘를 사용하게 한다.
- 가림판을 사용하여 각 나라의 특성과 그 나라를 비교한다.
- 샬롬-이스라엘 등 평소 익숙하지 않는 나라의 인사말을 수수께끼로 게임을 진행한다.
- 질문자와 아동의 역할을 바꾸어 게임한다.
- 활동 참여에 대하여 칭찬한다.

 **Tips**

　　다른 나라의 인사말을 사용하는 것은 새로운 것을 찾는 정서행동장애아동에게 흥미를 유발할 수 있다. 영어나 일본어, 중국어를 사용하여 간단한 인사말을 경험하도록 한다. 국제화 시대에 다른 나라 사람에게 관심을 갖도록 하여 세계인을 이해하도록 돕는다. 인사말과 함께 하는 제스처를 우스꽝스럽게 진행하여 분위기를 끌어올리도록 한다. 악수하거나 코를 비비는 등의 다양한 인사 방법을 통해 몸짓언어를 사용하고, 다양성에 대하여 생각하는 기회를 가질 수 있다. 의사소통에 어려움이 없는 정서행동장애아동에게는 각 나라의 개성을 이해할 수 있는 기회가 될 수 있다.

● 프로그램 34 – **다른 나라 인사법** ●

1. 재료 준비－마분지, 색상지, 백지, 가위, 풀, 포스트잇, 다른 나라 인사법을 소개하는 사진과 글자 물음표(?)
2. 활동 안내(다른 나라 인사법)하기
3. 제목 읽기
4. 이스라엘, 에스키모, 스페인 등 나라 이름 읽고 포스트잇으로 가리기
5. 악수, 고개 숙여 인사하기 등 인사법 말하기
6. '다른 나라는 어떻게 인사할까?' 추측하기
7. 읽고 동작하기
8. 나라별로 인사하는 방법 흉내 내기
9. 인사법을 말하고 가려 놓은 나라 이름 알아맞히기
10. '무엇일까?'와 물음표 카드(?) 일치시키기
11. 활동 참여에 대하여 칭찬하기

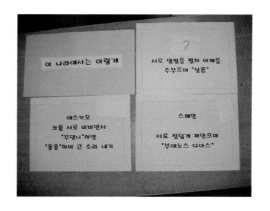

제 **35** 주

세계의
여러 나라 글자

 학습목표

세계 여러 나라의 글자를 보고 국제화 시대에 다른 나라의 글자에 관심을 표현한다.

핵심역량

다른 나라 문화 이해, 다른 나라 글자 이해, 관심 공유, 추측하기

준비물

마분지, 색상지, 백지, 가위, 풀, 포스트잇, 다른 나라 글과 나라 이름

 절차

- 2~3명의 아동이 ㄷ자 배열로 책상 앞에 앉는다(가능하면 지원 가능한 봉사자, 실무원을 아동 뒤에 배치하여 필요한 경우 신체적·시각적·언어적 촉진법 사용).
- 다른 나라의 글자를 제시한다.
- 영어나 일본어로 쓰인 글자를 보고 우리나라 글자와 비교한다.
- 대한민국–한글, 미국–영어, 일본–일본어, 중국–중국어를 짝짓는다.
- '달라요', '같아요'에 맞게 나라 글자의 차이를 구분한다.
- 각 나라 글자를 가위로 오리고 그 나라 이름과 짝짓는다.
- 가림판을 사용하여 각 나라의 특성과 그 나라를 비교한다.
- 일본어, 중국어, 영어와 나라 이름을 맞추는 수수께끼로 게임을 진행한다.
- 질문자와 아동의 역할을 바꾸어 게임한다.
- 활동 참여에 대하여 칭찬한다.

Tips

　　다른 나라의 글자를 정서행동장애아동에게 가르치는 것은 고난이도 작업이다. 말로 사용하는 것보다 글자로 제시하는 것은 더욱 그렇다. 국제화 시대에 세계 여러 나라 친구를 만나고 다문화 친구들과 상호 작용을 위하여 다른 나라 글자를 소개하는 것은 의미 있다. 해외 여행을 하거나 그 나라 사람을 국내에서 만났을 때 공통의 관심사를 찾아내는 것은 가르치는 사람의 역량에 따라 달라질 수 있다. 동영상을 사용하고, 사진이나 여행 안내지, 호텔 사용 설명서, 외국 제품 사용 설명서를 보여 주고 경험을 공유한다. 내현화 장애를 보이는 아동에게는 자신감을 회복시키도록 돕고, 외현화 장애를 보이는 학생에게는 차분하게 경험을 공유하는 기회로 삼는다. 전쟁 등의 국가 위기가 정서행동장애에 미치는 영향을 고려하고, 있을 수 있는 위기를 가정하여 지원한다.

● 프로그램 35 - 세계의 여러 나라 글자 ●

1. 재료 준비-마분지, 색상지, 백지, 가위, 풀, 포스트잇, 다른 나라 글과 나라 이름
2. 활동 안내(세계의 여러 나라 글자)하기
3. 제목 읽기
4. 대한민국-한글, 미국-영어, 중국-중국어, 일본-일본어 등 말하기
5. 나라에 맞는 글자 보여 주기(가나다, ABC 등)
6. 나라에서 사용하는 글자가 다르다는 것을 알려 주기
7. 나라 이름과 글자 짝짓기
8. '달라요', '같아요'에 맞게 나라 글자 변별하기
9. 활동 참여에 대하여 칭찬하기

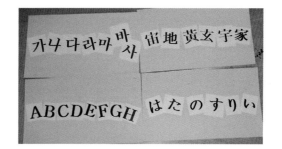

제 **36** 주

어떤 나라일까?

 학습목표

세계 여러 나라의 명칭을 말하고, 나라 이름을 베껴 쓴다.

핵심역량

다른 나라 이름 이해, 관심 공유, 추측하기

준비물

마분지, 색상지, 백지, 가위, 풀, 포스트잇, 다른 나라 특징과 나라 이름 글자

 절차

- 2~3명의 아동이 ㄷ자 배열로 책상 앞에 앉는다(가능하면 지원 가능한 봉사자, 실무원을 아동 뒤에 배치하여 필요한 경우 신체적 · 시각적 · 언어적 촉진법 사용).
- 간단한 특징을 읽어 주고 나라 이름을 추측하도록 기회를 준다.
- 일본, 미국, 인도, 프랑스, 중국, 이탈리아, 브라질, 네덜란드, 이집트, 독일 이름을 읽는다.
- 문장을 읽고 추측한다. 자주 읽었던 나라의 이름을 말해 주고, 나라의 이름을 맞추도록 촉진한다.
- '우리나라와 가까워요', '도쿄가 있어요' 등의 설명을 읽어 주고, 일본을 알아맞히면 '정답!'이라고 외치며 나와서 써 보도록 한다. 정답 카드를 따로 준비하고, 베껴 쓰도록 돕는다.
- 정답판을 포스트잇으로 가려 두고, 추측하도록 게임한다. '무엇일까? 더 생각해 보자, 갸우뚱' 하는 몸짓 등 추측과 관련된 언어 및 시각적 단서를 반복적으로 제시하여 이 상황에서 기대하는 동작과 언어를 유추하도록 돕는다.
- 문장을 준다. 가위로 오려 각 판에 붙이고 나라 이름을 기록하게 한다. 윤곽선을 주고 시각적 단서에 따라 베껴 쓴다.
- 특징을 읽고 여러 나라의 이름을 알아맞히도록 기회를 갖는다.

● 질문자와 아동의 역할을 바꾸어 게임한다.

● 활동 참여에 대하여 칭찬한다.

 **Tips**

정서행동장애아동이 글을 읽고 추측하는 작업은 오히려 쉬울 수도 있다. 사람을 대면하는 활동보다 지식을 습득하는 것이 덜 불안한 아동에게는 말이다. 세계 여러 나라에 대한 개념 습득은 국가 간에도 이웃이 있음을 알게 하는 데 중요한 역할을 할 수 있다. 특히, 우방국과 많은 교류를 주고받는 것이 친구 간, 이웃 간의 교류가 크게 다르지 않다는 것을 알려 줄 좋은 기회다. 더구나 1988년 서울 하계 올림픽, 2002년 한일 월드컵, 2018년 평창 동계 올림픽 등 각종 세계인이 우리나라를 방문하고, TV나 신문지상에 떠들썩하게 회자되고 있는 현상을 소외시키지 않도록 한다. 아동에게 문장을 읽고 쓰도록 기회를 주는 것은 그동안 명사나 구 중심의 짧은 글을 도와 왔기 때문에 충분히 도전할 만하다. 각 나라의 특징을 짧게 준비하고, 아동의 관심사에 따라 확장하도록 가족과 협력해야 한다. 한 명, 한 명씩 손을 들고 기회를 받아 직접 반응하도록 한다. 친구의 동작을 모델링하는 효과를 볼 수 있다.

● 프로그램 36 – **어떤 나라일까?** ●

1. 재료 준비 – 마분지, 색상지, 백지, 가위, 풀, 포스트잇, 다른 나라 특징과 나라 이름 글자
2. 활동 안내(어떤 나라일까?)하기
3. 제목 읽기
4. 나라 이름 읽기(일본, 미국, 인도, 프랑스, 중국, 이탈리아, 브라질, 네덜란드, 이집트, 독일)
5. 특징 읽고 나라 이름 추측하기
6. 서로 다른 나라의 특징 구분하기
7. 포스트잇으로 가리고 나라 이름 알아맞히기
8. 여러 나라 이름 더 생각해 보기
9. 친구에게 '잘했어'라고 칭찬하기
10. 활동 참여에 대하여 칭찬하기

제 **37** 주

우리 주변 자연 알기

 학습목표

우리 주변에서 일어나는 자연현상에 대하여 알고, 관심을 갖는다.

핵심역량

자연의 변화 이해, 동물 이름 이해, 식물 이름 이해, 추측하기, 게임 이해

준비물

마분지, 백지 색지, 가위, 풀, ○×판, 식물, 동물, 자연에 대한 수수께끼 문장

 절차

- 2~3명의 아동이 ㄷ자 배열로 책상 앞에 앉는다(가능하면 지원 가능한 봉사자, 실무원을 아동 뒤에 배치하여 필요한 경우 신체적 · 시각적 · 언어적 촉진법 사용).
- 명확한 사실을 툭 던져 주고, 맞는지 틀리는지를 ○×판을 들도록 유도한다.
- 아동은 둘 중 하나를 들고 의사 표시를 한다.
- ○×판의 의미를 알려 준다. 맞으면 ○, 틀리면 ×판을 드는 것을 반복적으로 드는 연습을 한다.
- 본격적으로 게임을 실시한다. 문장을 읽어 주고 ○×판을 들도록 촉진한다.
- 아동이 정답을 외치며 ○×판을 들도록 돕는다.
- 자연현상을 쉽게 안내한다.
- 식물 이름, 꽃 이름, 산, 들판, 해, 바나나 등의 과일, 개구리 등의 동물 등 주변에서 흔히 볼 수 있는 것들을 활용한다.
- 맞은 개수만큼 상을 받는다.
- 팀 게임으로 유도해도 된다. 이긴 팀, 진 팀에 대한 개념을 돕는다.
- 서로 격려한다.
- 과도하게 칭찬한다.

Tips

정서행동장애아동에게 자연현상을 알려 주는 것은 다른 활동에 비해 선생님들에게 익숙한 작업이다. 그동안 여러 경로를 통해 자연을 이해시키고 경험시켰기 때문이다. 매일 산책길에 보이는 하늘과 땅, 해, 달 등의 변화는 놓치기 쉬운 자극이다. 꽃, 나무, 동물, 식물 등을 알아보고 특성을 파악하는 연습이 필요하다. ○×판을 사용하여 판단하는 기술을 익힌다. 식물의 뿌리, 줄기, 잎, 가지 등을 알고 판단한다. 다른 지식을 알려 주고 '틀리다'라고 말하도록 돕는다. '무궁화는 우리나라 꽃이다'에 '맞는다'는 판단을 알려 준다. 이를 메타인지라고 부른다. 자신이 아는지, 모르는지를 아는 상위인지능력이라고 할 수 있다. 일상생활 안에서 보이는 메타인지 능력을 키우도록 돕는다.

● 프로그램 37 – 우리 주변 자연 알기 ●

1. 재료 준비-마분지, 백지 색지, 가위, 풀, ○×판, 식물, 동물, 자연에 대한 수수께끼 문장
2. 활동 안내(우리 주변 자연 알기)하기
3. 제목 읽기(○× 게임)
4. 각 문장을 읽고 정답 추측하기
5. 문장을 반복하여 읽고 정답 알려 주기
6. 맞으면 ○, 틀리면 ×판 들기
7. 여러 명이 동시에 알아맞히기
8. 알아맞힌 개수대로 상 받기
9. 식물, 동물, 자연에 대한 명칭 말하기
10. 친구에게 '잘했어'라고 칭찬하기
11. 활동 참여에 대하여 칭찬하기

♠ ○× 게임

1. 해바라기는 해를 향해 자란다.
2. 개구리는 식물이다.
3. 감자는 땅 속에서 자란다.
4. 싹은 나무에서 자란다.
5. 식물은 뿌리, 줄기, 잎으로 구성되어 있다.
6. 균은 추운 곳에서도 잘 자란다.
7. 무궁화는 우리나라의 꽃이다.
8. 바나나는 더운 지방에서 자란다.
9. 식물은 뿌리에서 물과 양분을 빨아 들인다.
10. 식물은 햇빛이 없어도 살 수 있다.
11. 나무가 많은 곳은 공기가 좋아 사람에게도 좋다.
12. 식물은 움직일 수 있다.
13. 식물 중에는 먹을 수 있는 것도 있다.
14. 바다 속에는 식물이 살고 있지 않다.
15. 산에는 식물이 많다.

제**38**주

환경오염 예방

 학습목표

환경오염에 대한 개념을 알고, 환경예방에 대한 중요성을 말한다.

핵심역량

환경오염 개념, 자연현상 이해, 추측하기, 게임 이해, 원인-결과 이해

준비물

마분지, 백지 색지, 가위, 풀, 수질오염, 대기오염 관련 문자, 샴푸, 트리오, 더러워, 물고기가 죽어요, 대기오염, 공장, 매연, 자동차, 배기가스, 공기가 나빠요, 산성비가 내려요 등 관련 문장, 마스크

 절차

- 2~3명의 아동이 ㄷ자 배열로 책상 앞에 앉는다(가능하면 지원 가능한 봉사자, 실무원을 아동 뒤에 배치하여 필요한 경우 신체적·시각적·언어적 촉진법 사용).
- 미세먼지용 마스크를 착용하고 이유를 추측한다.
- 먼지가 많아서 아플 수도 있음을 설명한다.
- 환경오염의 폐해를 알려 준다.
- 수질오염, 대기오염에 대한 사진과 동영상을 보여 준다.
- 환경오염 관련 문장을 만들어 선을 따라 가위로 오리면서 읽도록 돕는다.
- 샴푸, 트리오 등 수질오염을 일으키는 생활습관을 말한다. 구체물을 보여 주는 것도 도움이 된다. 수질오염의 원인이 된다고 말한다.
- 공장, 매연 등 대기오염을 일으키는 원인을 말한다.
- '산성비가 내린다'와 같은 결과를 말한다.
- '수질오염이 나타나면 물이 깨끗하다'를 말하고 틀렸다는 판단을 하도록 돕는다.
- 원인과 결과 간의 관계를 설명한다.
- 원인에 해당하는 결과를 붙이고, 수수께끼 질문에 게임처럼 답한다.

- '더러워', '공기가 나빠요' 등에 찡그린 표정을 짓는다.
- '그러면 안 돼요'에 부정 표시 몸짓을 말한다.
- 반복적으로 읽고 표정 짓고, 답한다.
- 활동 참여에 대해 칭찬한다.

Tips

정서행동장애아동에게 환경은 중요하다. 특히, 개인의 건강을 살피거나 관리하는 데 어려움을 보이기 때문이다. 환경오염은 지구를 오염시키는 인간의 건강에까지 치명적인 손상을 가져오는 주범이 된다. 환경오염에는 대표적으로 수질오염, 대기오염이 있고, 이를 초래하는 이유를 알아내는 것은 중요하다. 일상생활 중에서 사소하게 샴푸를 지나치게 사용하거나 주방세제의 과도한 사용은 수질오염의 원인이 된다는 점을 알려 주고 그 결과 물고기가 죽는다는 것 등으로 생활과 연계시켜 알도록 돕는다. 또한 공장 매연, 자동차 매연이 대기오염의 결과로 이어짐을 설명한다. 환경오염으로 인한 건강을 지키기 위해서 마스크를 착용하도록 하는 훈련이 필요하다. 본 차시에서는 부정적인 사건에 대하여 표정을 어떻게 짓고 제스처를 사용하는지를 알려 줄 수 있는 중요한 수업이다. 부정적인 내용에 찡그린 표정이나 부정적인 상황에 부정적 몸짓을 사용할 수 있도록 돕는다. 문장을 읽고 원인-결과를 알 수 있도록 하여 판단능력을 격려하는 것도 중요한 목표가 된다.

● 프로그램 38 – 환경오염 예방 ●

1. 재료 준비－마분지, 백지 색지, 가위, 풀, 수질오염, 대기오염 관련 문자, 샴푸, 트리오, 더러워, 물고기가 죽어요, 대기오염, 공장, 매연, 자동차, 배기가스, 공기가 나빠요, 산성비가 내려요 등 관련 문장, 마스크

2. 활동 안내(환경오염 예방)하기
3. 제목 읽기
4. 각 낱말, 문장 읽기
5. 수질오염 경험 말하기
6. '더러워' 등에 찡그린 표정 짓기
7. 찡그린 친구 모습 보고 함께 찡그리기
8. 대기오염 되었을 때 마스크 사용하기
9. 미세먼지가 많으면 마스크 사용하기 역할놀이하기
10. 앱 확인하기
11. 친구에게 '잘했어'라고 칭찬하기
12. 활동 참여에 대하여 칭찬하기

제 **39** 주

서울 지도 확인하기

 **학습목표**

지역사회에 대하여 알고, 서울 지도에서 현재 위치한 지역을 찾아 표시한다.

핵심역량

지역사회 개념, 주소 이해, 상징 이해, 신체안전, 자기관리, 위험대처 기술

준비물

서울 지도, 매직펜

 절차

- 2~3명의 아동이 ㄷ자 배열로 책상 앞에 앉는다(가능하면 지원 가능한 봉사자, 실무원을 아동 뒤에 배치하여 필요한 경우 신체적 · 시각적 · 언어적 촉진법 사용).
- 대형 서울 지도를 보여 준다.
- 현재 살고 있는 위치에서 주변에 대한 관심을 갖는다.
- 현재 위치한 곳에서 주변에 대한 장소를 찾아 표시한다.
- 실제 지도를 통해 시, 구, 동, 번지, 도로 명을 말한다.
- 유치원, 유아원, 학교, 도서관을 찾아 표시한다.
- 내가 있는 곳은 '○○동이야', '주소는 ○○시 ○○구, ○○로, ○○○이야' 등을 말한다(길 주소로 표현하게 할 수도 있다).
- 친구가 말한 주소를 듣고 지도에서 찾아 매직으로 표시한다.
- 주소, 전화번호, 주민번호 등 생존에 필요한 기술을 익힌다.
- 서로 칭찬한다.

39

Tips

정서행동장애아동에게 환경은 중요하다. 이를 위해 아동을 둘러싼 환경이 아동을 위해 안전한지, 소속 감을 가질 수 있는지, 또래나 지역사회 구성원 간의 상호작용 안에서 아동을 보호할 수 있는지를 가늠해야 한다. 가족의 지역사회와의 상호작용 또한 아동의 신체적, 정신적인 안녕에 중요한 의미를 갖는다. 안전한 치안환경이 이루어지지 않으면 때때로 일어나는 폭력, 우범 지역의 납치, 가족의 상해로 인한 외상후 스트 레스장애, 교통사고 후유증 등 수많은 정서행동장애의 원인이 환경에서 일어난다는 점을 고려해야 한다. 안전한 이웃을 위해 지역사회를 알고 도전하는 과제를 다양한 방법으로 구성하고, 자기관리 기능을 강화 시키도록 한다. 집 주소, 전화번호, 휴대전화 번호, 도로명 주소, 집 가까이에 있는 큰 건물 등 평소에 안전 과 연관 지어 훈련하여 위험에 대처하는 방법을 알려 준다. 본 차시는 낯선 사람이 말을 걸때 대처법, 위험 해 보일때 호루라기 불기, 생존수영 등의 생존기술로 확대하면 유용하다.

● 프로그램 39 – **서울 지도 확인하기** ●

1. 재료 준비−서울 지도, 매직펜
2. 활동 안내(서울 지도 확인하기)하기
3. 고장, 마을 알아보기
4. 주변 장소 명칭 말하기(구, 동 이름)
5. 유치원(유아원) 위치 찾기
6. 용산구(**구) 빨간 펜으로 표시하기
7. 내가 있는 곳은 **동(**동이야)이라고 말하기
8. 친구가 하는 설명 듣기
9. 친구에게 '잘했어'라고 칭찬하기
10. 활동 참여에 대하여 칭찬하기

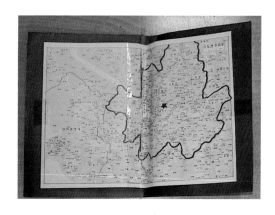

제 **40** 주

겨울이 좋은 이유

 학습목표
자연현상을 알고 겨울이 좋은 이유를 말할 수 있다.

핵심역량
계절 이해, 여가기술 이해, 상호작용, 겨울 스포츠 이해

준비물
마분지, 눈사람, 썰매, 스케이트, 팽이치기, 카드, 가위, 풀

 절차

- 2~3명의 아동이 ㄷ자 배열로 책상 앞에 앉는다(가능하면 지원 가능한 봉사자, 실무원을 아동 뒤에 배치하여 필요한 경우 신체적ㆍ시각적ㆍ언어적 촉진법 사용).
- 우리나라는 사계절이 있는 것을 아는지 확인한다.
- 이 중 겨울은 어떤 계절인지 묻는다.
- '눈이 내려요', '추워요' 등의 응답을 유도하고, 겨울이 좋은 이유를 찾도록 격려한다.
- 겨울 스포츠에 대하여 경험을 말한다.
- 스키 타요, 동계 스포츠, 김연아 선수, 피겨스케이팅 등 다양한 답변을 유도한다.
- 겨울에 놀 수 있는 여가기술 사진을 주고 잘라 붙이게 한다.
- 눈사람 만들기, 썰매 타기, 팽이치기 등의 익숙한 놀이를 설명하도록 한다.
- 친구의 경험에 동조하고, 다른 경험을 말할 수 있도록 격려한다.
- 즐거운 경험이 담긴 동영상이나 사진을 공유한다.

 **Tips**

    정서행동장애아동에게 지역사회를 중심으로 한 여가기술은 중요하다. 가정과 연계시킬 가능성이 높은 활동이기 때문이다. 환경에 긴장을 하고 있던 아동의 경우에도 스포츠나 놀이활동은 자기조절과 자신감을 길러 주는 데 매우 유용하다. 우리나라는 계절에 따라 자연의 변화가 있고, 이를 활용하여 여가기술로 활용하기에 용이한 조건을 가지고 있다. 겨울은 스키나 썰매, 눈사람 등 이 시기만의 독특한 경험을 유도할 좋은 계절이다. 눈사람을 만들고 눈싸움을 하며, 추억을 갖도록 하고, 이러한 경험을 친구들과 나눌 수 있도록 돕는다. 가정의 경우 이웃이나 여행을 통해 아동과 특별한 경험을 갖도록 하고 상호작용을 위한 자원으로 지역사회를 사용하도록 한다. 놀이 중 안전의식을 돕고, 위험하지 않도록 규칙을 가르치고 기술을 훈련하여 전 생애에 걸쳐 여가기술을 즐길 수 있도록 기회를 제공한다.

◆ 프로그램 40 – **겨울이 좋은 이유** ◆

1. 재료 준비―마분지, 눈사람, 썰매, 스케이트, 팽이치기 카드, 가위, 풀
2. 활동 안내(겨울이 좋은 이유)하기
3. 겨울과 사계절 이름 말하기
4. 겨울철 놀이에 대해 생각하기
5. 겨울철에 하는 놀이 말하기
6. '눈사람 만들어요', '썰매를 타요', '팽이를 쳐요'라고 말하기
7. '눈사람 만들어서 좋겠다' 부러움 표현하기
8. '썰매 타면 재미있겠다' 가정하여 말하기
9. '팽이 나도 치게 해 줘' 부탁하기
10. 서로 칭찬하기
11. 활동 참여에 대하여 칭찬하기

제 **41** 주

동물이 우리에게 주는 것

 학습목표

동물 이름을 말하고, 동물이 주는 고마움을 안다.

핵심역량

동물 이름, 동물의 부산물 이해, 관계성, 상호작용, 동물에 대한 고마움 이해

준비물

마분지, 동물 그림, 불고기, 우유, 치즈, 가죽 점퍼, 닭, 치킨, 삼계탕, 계란, 양, 스웨터, 코트 그림과 글자 카드, 가위, 풀

 절차

- 2~3명의 아동이 ㄷ자 배열로 책상 앞에 앉는다(가능하면 지원 가능한 봉사자, 실무원을 아동 뒤에 배치하여 필요한 경우 신체적·시각적·언어적 촉진법 사용).
- 익숙한 동물을 소개한다.
- 우리 생활에서 동물이 주는 다양한 혜택이 있음을 설명한다.
- 소, 닭, 양 등 부산물이 있는 동물에 대해 표현한다.
- 소가 주는 혜택에 대해 일상생활에서 찾는다(우유, 치즈 등).
- 닭이 주는 계란 등에 대한 혜택을 찾아 말한다.
- 양이 주는 털을 이용한 옷에 대하여 말한다.
- 동물에게 '고마워' 하고 말한다. 고마운 표정을 짓는다.
- 동물과 그림을 짝짓는다. 이때 사진과 글자를 오려 붙이면서 관계성을 말한다.
- 원인-결과, 관련성에 대해 말한다.
- 정답을 가리고 추측한다.
- '무엇일까? 갸우뚱' 하는 몸짓 등을 최대한 유도하여 반복한다.
- '우유를 주었으니 고마워!' 같이 문장으로 말한다.
- 서로 칭찬한다.

 **Tips**

정서행동장애아동에게 원인-결과라는 추상적인 개념을 가르치기에는 어려움이 있다. 지역사회에서 쉽게 볼 수 있는 가축을 활용하여 인간에게 유용한 도움을 주는 혜택에 대해 고마움을 느끼도록 한다. 소, 닭, 양들은 각종 음식이나 간식을 제공해 주고 따뜻한 옷을 입을 수 있도록 하는 고마운 존재라는 점을 알려 준다. 이외에도 반려동물에 대한 일상에서 겪는 느낌을 강조하여 함께 살아가야 할 소중한 존재임을 알려 준다. 친구들이 키우고 있는 다양한 반려동물, 반려곤충 등에 대하여 느낌을 말하게 하고, 나아가 식물이나 조약돌 같이 같은 정서적인 위안을 주는 것에 대한 의미를 생각해 볼 수 있다.

● 프로그램 41 - **동물이 우리에게 주는 것** ●

1. 재료 준비-마분지, 동물 그림, 불고기, 우유, 치즈, 가죽 점퍼, 닭, 치킨, 삼계탕, 계란, 양, 스웨터, 코트 그림과 글자 카드, 가위, 풀

2. 활동 안내(동물이 우리에게 주는 것)하기

3. 닭, 소, 양에 대하여 말하기

4. 닭이 주는 치킨, 삼계탕, 계란에 대하여 말하기

5. 소가 주는 스테이크, 불고기, 우유, 치즈, 가죽 점퍼에 대하여 말하기

6. 양이 주는 스웨터, 코트에 대하여 말하기

7. 부산물을 말하고 해당되는 동물 추측하기

8. '~라고 생각해요'라고 말하기

9. 친구의 추측에 대하여 '그런 것 같아'라고 맞장구치기

10. 서로 칭찬하기

11. 활동 참여에 대하여 칭찬하기

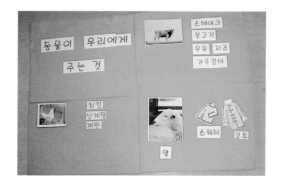

제 **42** 주

어디에 살까?

 학습목표

바다와 강에 사는 어류의 이름을 말하고, 특징을 설명할 수 있다.

핵심역량

어류 명칭 이해, 바다 · 강 개념 이해, 추측하기, 관련성 이해

 준비물

마분지, 색상지, 물고기, 고래 등 강, 바다에서 사는 동물 그림과 글자 카드, 가위, 풀

절차

- 2~3명의 아동이 ㄷ자 배열로 책상 앞에 앉는다(가능하면 지원 가능한 봉사자, 실무원을 아동 뒤에 배치하여 필요한 경우 신체적 · 시각적 · 언어적 촉진법 사용).
- 익숙한 어류를 소개한다.
- 바다에서 사는 어류와 강에서 사는 어류의 이름을 말한다.
- '물고기는 강에서 자라요'를 듣고 동의한다.
- '고래는 바다에서 자라요'에 '네', 고개를 끄덕이는 반응을 통해 동의를 표현한다.
- 바닷물은 '짜요', '넓어요' 등 바다와 강의 차이를 안다.
- '물고기', '고래', '강에서 살아요', '바다에서 살아요' 문장을 가위를 잘라 붙인다.
- 친구가 자르는 행동을 보고 잘한다고 칭찬한다.
- 글자와 그림을 짝짓고 표현한다.
- 바다와 고래, 강과 민물고기를 짝짓는다.
- '어디에 살까?' 수수께끼의 정답을 추측한다. 추측하는 말, '뭐지? 갸우뚱' 하는 제스처를 표현한다.
- 이제야 생각났다는 듯 통찰하는 말을 표현한다(박수를 치거나 '아하! 생각났다!' 등).
- 서로 칭찬한다.

 **Tips**

　　정서행동장애아동에게 상관성, 혹은 관련성 있는 개념은 고난이도 작업이다. 바다나 강에서 나는 어류는 생김새도 비슷할 뿐 아니라 물고기라는 공통점이 있어서 구분하기 어렵다. 초기에는 강은 물고기, 바다는 고래, 상어 같은 전혀 다른 종류를 자극을 주어 변별훈련을 하는 것이 좋다. 차츰 비슷한 특성을 가진 물고기의 차이를 구분하는 것으로 확장할 수 있다. 바다는 넓고 짠 물이 난다. 강물은 '짜지 않다', '좁다' 등의 생활 가운데 경험의 범위에서 개념을 찾아 알려 준다. 바다에 가서 파도를 본 적이 있는지, 강에서 물고기를 잡은 적이 있는지를 확인하는 작업에서 아동은 경계를 풀고 흥미를 표현할 수 있다. 이외에도 표현능력을 키우기 위한 작업으로 추측하기, 동의하기, 확인하기에 해당하는 감탄사나 제스처를 쓰게 하여 다양한 의사소통 능력을 기른다.

● 　프로그램 42 - **어디에 살까?**　 ●

1. 재료 준비－마분지, 색상지, 물고기, 고래 등 강, 바다에서 사는 동물 그림과 글자 카드, 가위, 풀
2. 활동 안내(어디에 살까?)하기
3. 제목 읽기
4. 사진을 보고 이름 말하기
5. '물고기는 강에서 살아요'라고 말하기
6. '고래는 바다에서 살아요'라고 말하기
7. 강과 바다의 차이 말하기
8. 가 본 적이 있는지 묻고 대답하기
9. 서로 묻고 대답하기
10. 활동 참여에 대하여 칭찬하기

제**43**주

가축과 야생동물

 학습목표

집에서 기르는 가축과 산이나 들에서 사는 야생동물의 차이를 설명할 수 있다.

🔄 핵심역량

변별, 관련성, 추측하기, 가축 명칭 이해, 야생동물 이해, 동사 표현하기

 준비물

마분지, 색상지, 강아지, 독수리, 새 그림과 글자 카드, '집에서 키워요', '하늘을 날아요'의 문장 카드, 가위, 풀

🌸 절차

- 2~3명의 아동이 ㄷ자 배열로 책상 앞에 앉는다(가능하면 지원 가능한 봉사자, 실무원을 아동 뒤에 배치하여 필요한 경우 신체적 · 시각적 · 언어적 촉진법 사용).
- 새 그림을 보여 주며 본 적이 있는지를 묻는다.
- 아동의 반응에 따라 칭찬하고, 천천히 표현할 수 있도록 기다린다.
- 강아지 등의 반려동물을 보여 주며 본 적이 있는지를 질문한다. 고양이 등을 기억해 낼 수 있는 충분한 시간을 준다.
- 집에서 기르는 가축과 산에서 날아다니는 새, 독수리 같은 야생동물을 구분한다.
- '집에서 키워요', '하늘을 날아요'에 맞게 동물을 짝짓는다.
- 가축과 야생동물을 사진과 글자를 짝짓는다.
- 가축과 야생동물의 위치를 다르게 놓고 변별한다.
- '가축은 집에서 기르고, 야생동물은 하늘을 나는 동물이에요'라고 문장을 말한다.
- 정답을 가리고 추측하도록 한다. 추측하면서 '뭐지?' 손가락으로 머리를 대면서 골똘하게 생각하는 제스처를 사용한다.
- '아 그렇구나!', '생각났다!' 하고 박수를 친다.
- 서로 칭찬한다.

43

Tips

　정서행동장애아동에게 인지활동은 고도의 정신능력이 필요한 작업이다. 추상적 개념을 구체화하기 위해서는 구체물이 필요한데, '가축'과 '야생' 같은 어휘를 구분하기에는 용이하지 않다. 따라서 가축, 혹은 반려동물과 야생동물을 동영상이나 시각적 자료를 통해 보완해 줄 필요가 있다. 산이나 들에서 만나는 야생동물의 위험성을 알려 주고 손으로 만지거나 자극하지 않도록 안전교육을 실시한다. 가축이나 반려동물에 대해서도 역시 위험성을 충분히 알려 주어야 한다. 다른 사람 소유의 동물을 자극하지 않는 것이 중요하다. 이를 위해서는 동물의 이름을 충분히 알려 주고 에티켓을 훈련해야 한다. 지역사회를 살아가기 위해서 주어지는 묵시적인 예의, 상식을 때때로 알려 주어 상호작용 가운데 서로 편안하게 도움을 줄 수 있도록 한다.

🔶 프로그램 43 – 가축과 야생동물 🔶

1. 재료 준비—마분지, 색상지, 강아지, 독수리, 새 그림과 글자 카드, '집에서 키워요', '하늘을 날아요'의 문장 카드, 가위, 풀
2. 활동 안내(가축과 야생동물)하기
3. 제목 읽기
4. 사진을 보고 이름 말하기
5. '집에서 키우는 동물을 가축이라고 해요'라고 말하기
6. '하늘을 나는 새들은 야생동물'이라고 말하기
7. 가축과 야생동물의 차이 말하기
8. 본 적이 있는지 묻고 대답하기
9. 서로 묻고 대답하기
10. 활동 참여에 대하여 칭찬하기

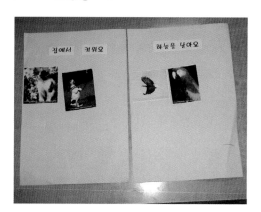

제 **44** 주

○ × **게임**

 학습목표

○×의 개념을 알고 게임 규칙을 익힌다.

핵심역량

게임 규칙, 판단력, 순발력, 의사소통, 자아정체감, 또래 인식

준비물

마분지, 색상지, ○×판, 나무젓가락, 풀, 동그라미, ×표 글자 카드, 가위, 풀

 절차

- 2~3명의 아동이 ㄷ자 배열로 책상 앞에 앉는다(가능하면 지원 가능한 봉사자, 실무원을 아동 뒤에 배치하여 필요한 경우 신체적·시각적·언어적 촉진법 사용).
- 선생님이 ○×판을 들고 '나는 어린이입니다'라고 말한다.
- 아동은 ×판을 든다.
- '나는 남자입니다(여선생님)'라고 하면 아동은 ×판을 든다.
- 아동들에게 간단한 자기소개를 하게 한 후에 맞는 정보, 틀린 정보를 말하고 친구들이 제대로 판을 드는지를 확인한다.
- 맞는지 판단하고, 맞았다고 말한다.
- 여러 아동들에게 차례대로 나와서 자신의 정보를 말하게 한다.
- 재미있게 진행한다.
- 빠른 템포로 진행한다.
- 나무젓가락, 색종이를 이용하여 ○×를 그리고 풀로 붙여 판을 만든다.
- 집으로 보낸 후 가정에서 활동을 이어 가도록 지원한다.
- 들은 정보를 가지고 친구에 대하여 소개한다.
- 칭찬한다.

44

나를 알고 친구를 아는 작업은 자아정체성을 키우는 기본 활동이다. 자존감에 상처를 입은 정서행동 장애아동에게 이 활동은 쉬우면서도 자주 사용할 수 있는 대표적인 활동이다. 본 차시는 쉬운 자아정체감 프로그램을 ○×라는 사인을 통해 알아맞히도록 고안하였다. 상대방의 말을 경청하고, 맞는지 틀리는지를 아는 과정 동안 자신을 알리고 상대방을 인지하는 중요한 활동이다. 빠른 진행으로 쉽게 판단할 수 있도록 하고, 활력을 높이도록 한다. 작은 자극에도 쉽게 산만해지는 ADHD 아동에게는 정보를 통합하고 체계적으로 생각하는 실행 기능을 키울 수 있고, 의욕이 없는 내현화된 아동에게는 활력을 높이고 흥미를 유발할 수 있는 활동이 된다. 친구의 반응을 통해 정보를 통합하는 능력은 메타인지 기능을 향상시키는 좋은 활동이다.

● 프로그램 44 ─ ○× 게임 ●

1. 재료 준비─마분지, 색상지, ○×판, 나무젓가락, 풀, 동그라미, 가위표 글자 카드, 가위, 풀
2. 활동 안내(○× 게임)하기
3. 제목 읽기
4. 판을 집어 들고 '○'라고 말하기
5. 판을 집어 들고 '×'라고 말하기
6. '이름은 ○○ (정반응)입니까?'에 ○판 들기
7. '나는 여자(오반응)입니까?'에 ×판 들기
8. 다양한 장면에 ○× 게임하기
9. 친구끼리 서로 ○× 게임하기
10. 활동 참여에 대하여 칭찬하기

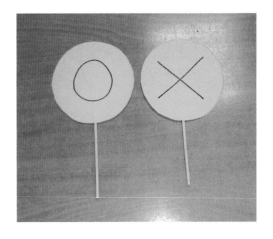

제 **45** 주

동물 분류하기

 학습목표

동물의 이름을 알고, 어류, 조류, 포유류, 양서류, 파충류에 따라 분류한다.

핵심역량

분류, 게임 규칙, 판단력, 순발력, 의사소통

준비물

마분지, 색상지, '어류, 조류, 포유류, 양서류, 파충류' 낱말 카드, '알을 낳아요, 물속에서 살아요, 알을 낳아요, 날아다녀요, 젖을 먹고 자라요, 물-육지 양쪽에서 살아요, 징그럽게 생겼어요'의 문장 카드, 가위, 풀

 절차

- 2~3명의 아동이 ㄷ자 배열로 책상 앞에 앉는다(가능하면 지원 가능한 봉사자, 실무원을 아동 뒤에 배치하여 필요한 경우 신체적·시각적·언어적 촉진법 사용).
- 동물 그림을 보여 주면서 본 적이 있느냐고 말한다.
- 아동은 각 동물에 대하여 말한다.
- 어류, 포유류, 조류, 양서류에 대한 특성을 설명한다.
- 각 동물의 특징과 대표적인 동물을 말한다.
- 어류는 '강이나 바다에서 산다', '지느러미가 있다', '물고기나 고래가 여기에 속한다'고 말한다.
- 포유류는 '젖을 먹고 산다', '네 다리가 있다', '원숭이 등이 여기에 속한다'고 말한다.
- 조류는 '날아다니는 동물이다', '새, 닭이 여기에 속한다', '다리가 두 개다'라고 말한다.
- 양서류는 '뭍과 물속에서 산다', '평소에 그림으로 보았던 개구리, 거북이 등이 여기에 속한다'고 말한다.
- 파충류는 '등에 갑옷을 입고 다닌다', '징그럽다', '뱀, 도마뱀, 악어 등이 있다'라고 말한다.

- 각 동물이 어느 종류에 분류되는지 각각에 대하여 설명한다.
- 확인하여 각 종류에 해당되는 것을 알도록 한다.
- 낱말 카드와 문장을 주고 가위로 잘라 분류할 내용에 붙이도록 한다.
- 분류된 동물을 확인한다.

 **Tips**

　자연을 기반으로 학습하는 것은 지역사회 기반학습의 묘미다. 정서행동장애아동의 경우 주변에 관심이 적고 의욕이 없어서 관찰학습의 기회를 놓치기 쉽다. 다양한 자극을 구조화하고 도움을 주어 자연현상의 변화를 알도록 하면 도움이 된다. 특히, 생물 중 주변에서 직접 관찰할 수 있는 동물의 변화를 관찰할 수 있다면 교수—학습에 도움이 될 것이다. 동물원에 체험학습을 가기 직전이나 영상 자료를 통해 수업을 진행하기 전에 각 동물 사진을 오려서 붙이고 하는 동안 동물의 이름을 익힐 수 있으며, 동물이 속한 집단을 알 수 있을 것이다. 의사소통에 도움을 주기 위하여 동사나 부사를 사용하여 문장 구성의 기회를 갖게 한다. '알을 낳다', '젖을 먹는다', '네 발로 기어 다닌다', '날아다닌다', '물속에서 헤엄을 친다', '징그럽다' 등 다양한 문장을 구성하다 보면 훨씬 더 자신감 넘치는 아동을 볼 수 있다.

● 　프로그램 45 – **동물 분류하기**　●

1. 재료 준비─마분지, 색상지, '어류, 조류, 포유류, 양서류, 파충류' 낱말 카드, '알을 낳아요, 물속에서 살아요, 알을 낳아요, 날아다녀요, 젖을 먹고 자라요, 물—육지 양쪽에서 살아요, 징그럽게 생겼어요'의 문장 카드, 가위, 풀
2. 활동 안내(동물 분류하기)하기
3. 제목 읽기
4. 어류는 '알을 낳아요, 물속에서 살아요' 라고 말하기
5. 조류는 '알을 낳아요, 날아다녀요'라고 말하기
6. 포유류는 '젖을 먹고 자라요'라고 말하기
7. 양서류는 '물, 육지 양쪽에서 살아요'라고 말하기
8. 파충류는 '징그럽게 생겼어요'라고 말하기
9. 특성을 말하면 동물을 분류하여 말하기
10. 각각의 동물에 대하여 사례를 쓰고 읽기
11. 활동 참여에 대하여 칭찬하기

제 **46** 주

과일과 야채가 우리 몸에 주는 것

학습목표

과일, 야채의 명칭을 말하고, 우리 몸에 주는 이점을 말할 수 있다.

핵심역량

분류, 과일 명칭 이해, 야채 명칭 이해, 의사소통

준비물

마분지, 색상지, '시금치, 마늘, 당근, 토마토, 오렌지, 귤, 콩'의 낱말 카드, '비타민 C, 암을 예방해요, 눈에 좋아요, 비타민 A, 비타민 C, 피가 맑아져요, 단백질 몸이 튼튼해요'의 문장 카드, 가위, 풀

절차

- 2~3명의 아동이 ㄷ자 배열로 책상 앞에 앉는다(가능하면 지원 가능한 봉사자, 실무원을 아동 뒤에 배치하여 필요한 경우 신체적 · 시각적 · 언어적 촉진법 사용).
- 시금치를 먹은 적이 있는지를 묻는다. 시금치는 몸을 튼튼하게 한다고 말한다.
- 아동의 설명을 듣고, 다양한 야채나 과일이 많다고 말한다.
- 과일과 야채는 우리 몸에 좋은 것을 준다고 말한다.
- 우리 몸에 좋은 것은 '시금치, 마늘, 당근, 토마토, 오렌지, 귤, 콩이 있어요'라고 말한다.
- '비타민 C가 있어요', '암을 예방해요', '비타민 A가 있어요', '눈에 좋아요', '비타민 C가 있어요', '피가 맑아져요', '단백질이 있어요', '몸이 튼튼해요'라고 말한다.
- 낱말과 문장을 가위로 잘라서 풀로 붙인다.
- 과일과 야채 글자를 붙여 두고 특성을 붙인다.
- '세상에 많은 과일과 야채가 있어요. 몸을 위해 먹어 주어야 해요'라고 말한다.
- 설명을 듣고 과일과 야채를 알아맞힌다.
- 가림판으로 가려 두고 정답을 알아맞히는 수수께끼 게임을 한다.
- 추측하고 정답을 맞히면 격려한다.

46

 **Tips**

정서행동장애아동은 지역사회 활동을 통해 구체화된 경험을 할 수 있다. 매일 섭취하는 과일과 야채는 몸에 좋고 영양이 좋다. 귤, 오렌지 같은 과일과 시금치, 마늘, 당근, 토마토, 콩 등의 야채의 명칭을 말한다. 각 과일의 맛과 색깔을 구별한다. 각각의 강점을 설명한다. 야채를 섭취하면 우리 몸에 어떤 점이 좋은지를 말한다. 비타민 C나 비타민 A 등이 우리 몸에 어떤 영향을 미치는지를 말한다. 각 과일과 야채와 기능 역할에 따라 분류한다. '예방한다, 피가 맑아진다, 눈에 좋아요' 등 문장을 구성한다. 일상생활에서 경험하는 각종 과일과 야채의 효과를 경험하도록 한다.

● 프로그램 46 – 과일과 야채가 우리 몸에 주는 것 ●

1. 재료 준비-마분지, 색상지, '시금치, 마늘, 당근, 토마토, 오렌지, 귤, 콩'의 낱말 카드, '비타민 C, 암을 예방해요, 눈에 좋아요, 비타민 A, 비타민 C, 피가 맑아져요, 단백질 몸이 튼튼해요'의 문장 카드, 가위, 풀

2. 활동 안내(과일과 야채가 우리 몸에 주는 것)하기

3. 제목 읽기

4. 우리 몸에 좋은 것은 '시금치, 마늘, 당근, 토마토, 오렌지, 귤, 콩 이 있어요'라고 말하기

5. 시금치는 '비타민 C가 있어요'라고 말하기

6. 마늘은 '암을 예방해요'라고 말하기

7. 당근과 토마토는 '비타민 A가 많아서 눈에 좋아요'라고 말하기

8. 오렌지와 귤은 '비타민 C가 많아서 피가 맑아져요'라고 말하기

9. 특성을 말하면 과일과 야채 분류하여 낱말 붙이기

10. 서로 묻고 대답하기

11. 활동 참여에 대하여 칭찬하기

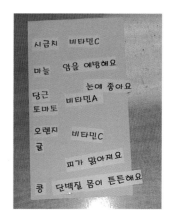

제 **47** 주

계절에 어울리는 음식

 학습목표

사계절의 명칭을 말하고, 계절에 어울리는 음식을 말한다.

 핵심역량

분류, 음식 명칭 이해, 사계절 명칭, 의사소통

준비물

마분지, 색상지, 겨울, 호빵, 군고구마, 호떡, 여름, 팥빙수, 냉면의 낱말 카드, 계절에 어울리는 음식 문구 카드, 가위, 풀

 절차

- 2~3명의 아동이 ㄷ자 배열로 책상 앞에 앉는다(가능하면 지원 가능한 봉사자, 실무원을 아동 뒤에 배치하여 필요한 경우 신체적 · 시각적 · 언어적 촉진법 사용).
- 호빵을 한 조각씩 맛을 보게 한다.
- 맛이 어떤지, '달콤해요', '따끈따끈해요' 등의 생각을 말한다.
- 겨울에 주로 먹는 음식을 말한다. 호빵, 군고구마, 호떡 그림을 보여 준다.
- 여름에 주로 먹는 음식을 말한다. 냉면이나 팥빙수 그림을 보여 준다.
- 다른 계절에도 먹을 수 있음을 말한다.
- 계절에 어울리는 음식을 잘라서 계절에 맞게 분류한다.
- 사계절을 말한다. 봄, 여름, 가을, 겨울에 맞게 음식을 분류한다.
- 그림과 글자를 일치시킨다.
- 수수께끼 게임을 하고 정답을 말한다.
- '맛있다', '달콤하다', '매콤하다', '따끈따끈하다' 등의 음식과 관련된 명칭을 말한다.
- 문장을 구성하고 친구에게 자랑한다.
- 칭찬한다.

Tips

정서행동장애아동에게 음식물을 사용한 경험은 즐거움을 준다. '달다' , '짜다' , '쓰다' , '맵다' 등의 맛과 관련한 명칭을 알려 준다. 봄, 여름, 가을, 겨울의 계절의 변화를 경험하면서 주로 일정 계절에서 먹을 수 있는 음식에 대해 말한다. 여름에 냉면을 먹거나 아이스크림을 먹는다. 겨울에 군고구마나 호떡, 호빵을 먹는다. 요즘에는 계절과 관련 없이 음식을 먹을 수도 있다고 말한다. 가족들에게 협력하도록 하고, 일반화한다. '맛있다', '달콤하다', '매콤하다', '따끈따끈하다' 같은 느낌을 알 수 있도록 표현을 지원한다. 게임방법을 추측하도록 하여 상호작용을 늘린다. 동의하고 칭찬하는 제스처를 함께 나눈다.

● 프로그램 47 – **계절에 어울리는 음식** ●

1. 재료 준비－마분지, 색상지, '겨울, 호빵, 군고구마, 호떡, 여름, 팥빙수, 냉면'의 낱말 카드, 계절에 어울리는 음식 문구 카드, 가위, 풀
2. 활동 안내(계절에 어울리는 음식)하기
3. 제목 읽기
4. '음식은 여러 가지가 있어요'를 듣고 '네'라고 말하거나 끄덕이기
5. '여름에는 팥빙수와 냉면이 어울려요'라고 말하기
6. '겨울에는 호빵, 군고구마, 호떡이 어울려요' 라고 말하기
7. 계절에 따라 즐겨 먹었던 음식 생각하기
8. 친구의 말에 동의하거나 첨가하기
9. 겨울이나 여름에 맞는 음식 카드 분류하여 붙이기
10. 손 들고 기회 얻기
11. 엄지 척, '잘했어'라고 친구에게 칭찬하기
12. 활동 참여에 대하여 칭찬하기

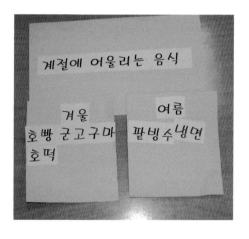

내가 되고 싶은 것

 학습목표

미래의 희망에 대해 설명하고, 되고 싶은 것에 대해 말한다.

핵심역량

직업 명칭 이해, 스포츠 명칭, 의사소통

준비물

마분지, 색상지, 요리사, 목공예가, 양궁선수 그림, 글자 카드, 여러 가지 직업/나의 희망 문구 카드, 가위, 풀

 절차

- 2~3명의 아동이 ㄷ자 배열로 책상 앞에 앉는다(가능하면 지원 가능한 봉사자, 실무원을 아동 뒤에 배치하여 필요한 경우 신체적 · 시각적 · 언어적 촉진법 사용).
- 요리사 사진을 보여 주며, 무엇을 하는지 말한다.
- '직업은 내가 되고 싶은 것'이라고 말한다.
- 요리사, 목공예가, 양궁선수 사진을 보여 준다.
- 요리하는 사람을 요리사라고 말한다.
- 책상 만드는 사람, 의자 만드는 사람 등을 표현한다.
- 양궁선수는 활 쏘는 사람이라고 말한다.
- 사진과 그림을 짝짓는다.
- 가위로 사진을 잘라 붙인다.
- 특정 직업을 표현한다.
- 크리에이터, 교사, 의사, 변호사 등 각종 직업에 대한 내용을 확장한다.
- 나는 '○○을 하고 싶어'라고 말한다.
- 친구의 반응을 엄지 척으로 표현한다.

48

정서행동장애아동에게 미래에 하고 싶은 희망에 대하여 생각하도록 한다. 자신의 가치를 스스로 형성하고 효능감을 느끼게 하는 것은 중요하다. 스스로 알고 있는 직업과 진로에 대한 생각을 말하게 하고 현실 판단을 돕는다. 흔하게 접하는 직업을 말한다. '선생님이 되고 싶어요', '의사가 되고 싶어요', '소방관이 되고 싶어요', '택시 기사가 되고 싶어요', '운동선수가 되고 싶어요' 등의 알고 있는 직업군의 명칭을 말할 수 있는 기회를 준다. 가정에서는 더욱 확장하여 가족이나 형제, 친척들의 경험을 통해 알 수 있도록 한다. 원하는 직업을 갖기 위하여 할 일을 예측하고, 경험하도록 한다. 영상 자료를 통해 직업생활을 간접적으로 경험시키고 모의수업을 통해 경험시킨다. 각각의 직업에서 사용하는 어휘 목록을 작성하고 그 말을 사용할 수 있게 돕는다.

● 프로그램 48 – 내가 되고 싶은 것 ●

1. 재료 준비－마분지, 색상지, 요리사, 목공예가, 양궁선수 그림, 글자 카드, 여러 가지 직업/나의 희망 문구 카드, 가위, 풀
2. 활동 안내(내가 되고 싶은 것)하기
3. 제목 읽기(여러 가지 직업/나의 희망)
4. '직업은 내가 되고 싶은 것'이라는 설명에 끄덕이기
5. 하고 싶은 것에 대한 질문에 대답하기
6. 요리하는 사람은 '요리사'라고 말하기(특정 요리사 이름을 유도하였을 때 대답하면 엄지 척)
7. 목공예 같이 손으로 만지는 일은 하는 사람은 '공예가'라고 말하기
8. 활을 쏘는 사람은 '궁수', '양궁선수'라고 말하기
9. 시늉 하면 직업 알아맞히기
10. 설명 듣고 직업 이름 알아맞히기
11. 친구가 하고 싶은 직업 알아맞히기
12. 활동 참여에 대하여 칭찬하기

제 **49** 주

사회적 이야기

 학습목표

사회적 이야기 그림에 대해 설명하는 과정을 통해 사회적 규칙을 이해하고, 공중도덕에 대한 개념을 익히며, 다른 사람의 마음을 읽고, 상황에 따라 적절하게 행동한다.

핵심역량

규칙 이해, 마음이론, 에티켓 이해, 사회적 이야기, 의사소통

준비물

마분지, 색상지, 서점, 문방구, 극장, 전시실, 음악회, 버스, 지하철 안에서 해야 할 이야기 그림 및 문장 카드, 가위, 풀

절차

- 2~3명의 아동이 ㄷ자 배열로 책상 앞에 앉는다(가능하면 지원 가능한 봉사자, 실무원을 아동 뒤에 배치하여 필요한 경우 신체적·시각적·언어적 촉진법 사용).
- 영화관에 간 적이 있느냐고 묻는다.
- 영화관에서 떠드는 친구를 본 적이 있느냐는 질문과 대답을 유도한다.
- 도서관, 서점, 문방구, 영화관, 지하철 안에서 돌아다니거나 떠드는 상황을 사회적 이야기 기법으로 만들고 규칙을 어긴 부분을 골라낸다.
- 장면에 맞는 글을 가위로 잘라 붙인다.
- 어떻게 해야 하는지 묻는다.
- 어떻게 하면 안 되는지 묻는다.
- 그 상황일 때는 어떻게 말해야 하는지 묻는다.
- 장면별로 규칙을 구성하고, 모두가 즐기는 방법을 찾는다.
- '안 돼요', '그렇게 하면 다른 친구가 싫어해요', '다른 방법이 있어요', '느낌이 안 좋아요' 등의 감정을 표현할 수 있는 기회를 준다.
- '소곤소곤 말해요', '조용히 말해요', '안녕하세요?라고 인사해요' 등 해야 할 말과

행동을 말할 수 있도록 격려한다. 가능하면 문장을 읽어서 시각적 단서를 준다.

● 제스처나 표정을 가르치고 친구의 표정을 관찰하도록 한다.

● 친구의 생각을 듣고 동의한다.

Tips

사회적 이야기는 사회성에 어려움을 겪는 정서행동장애아동에게 유용한 기법이다. 이는 일정한 사회적 상황을 설정하여 그 상황에서 벌어지는 이야기를 통해 주인공이 느끼는 마음이나 규칙 형성, 규칙을 어겼을 때 다른 사람이 어떤 느낌을 가지고 어떤 말을 하는지 간접적으로 경험할 수 있다. 아동들이 자주 가는 도서관, 서점, 문방구에서 벌어지는 상황을 이야기로 구성한다. 의도적으로 규칙을 어기거나 무례한 상황을 설정하여 그에 어울리는 말이나 생각을 적고 그 생각을 통해 어떤 느낌을 가졌는지 말한다. 이동이 잦은 경우 버스나 지하철, 택시 등의 대중교통수단에서 공중도덕에 대한 이야기를 구성하고, 적절한 행동과 부적절한 생각 등을 찾아내어 피드백을 해 주는 것이 중요하다. 가족과 함께 승용차를 통해 이동하는 경우 신호등 사용하기, 속도위반 등에 대한 생각을 묻는 것도 도움이 될 수 있다. 친구들과 경험을 공유함으로써 다른 사람의 생각과 바람, 의도를 찾는 작업을 반복적이고 지속적으로 경험한다. '나의 사회적 이야기'를 구성해 보자!

🌸 프로그램 49 – 사회적 이야기 🌸

1. 재료 준비―마분지, 색상지, 서점, 문방구, 극장, 전시실, 음악회, 버스, 지하철 안에서 해야 할 이야기 그림 및 문장 카드, 가위, 풀

2. 활동 안내(사회적 이야기)하기

3. 제목 읽기(어떤 이야기를 해야 할까? 어떻게 행동해야 할까? 어떤 예의를 지켜야 할까?)

4. 서점이나 문방구에서 해야 할 말을 생각하고 따라 읽기

5. 극장, 전시실, 음악회에서는 어떻게 해야 하는지를 생각하고 따라 읽기

6. 버스, 지하철 안에서는 어떤 예의를 지켜야 하는지를 생각하고 따라 읽기

7. 장면에 맞게 말하기

8. 장면에 맞게 행동하기

9. 친구가 하는 말을 듣고 동의하기

10. 설명 듣고 사회적 이야기 알아맞히기

11. 활동 참여에 대하여 칭찬하기

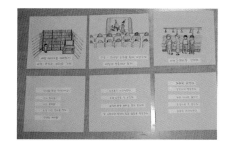

제**50**주

친구 얼굴 그리기

 학습목표

친구의 이름을 말하고, 얼굴을 그릴 수 있다.

핵심역량

마음이론, 친구 이름 알기, 친구에 대한 에티켓 이해, 의사소통

준비물

스케치북, 크레파스, 친구 사진

 절차

- 2~3명의 아동이 ㄷ자 배열로 책상 앞에 앉는다(가능하면 지원 가능한 봉사자, 실무원을 아동 뒤에 배치하여 필요한 경우 신체적 · 시각적 · 언어적 촉진법 사용).
- 스케치북을 아동 앞에 놓아 주고 친구의 얼굴을 그리라고 말한다.
- 친구의 특징적인 모습을 그리도록 한다.
- 옷이나 독특한 특징이 드러나도록 그린다.
- 가능하면 머리 모양, 액세서리 등을 그린다.
- 친구의 이름을 붙이고 그린 그림을 붙인다.
- 멋져, 고마워 등의 얼굴을 잘 그려 준 점에 대해 고마워하는 표현을 격려한다.
- '웃어요', '찡그려요', '화나요' 등의 얼굴에서 나타날 수 있는 표정을 말로 표현한다.
- 실제로 웃어 보고, 찡그리고 화를 내면서 감정을 얼굴로 표현해 본다.
- 어떤 표정이 느낌이 좋은지 말한다.
- '내 친구'라는 용어를 자주 사용한다.
- 친구의 장점을 말해 준다. 친구의 취향도 설명한다(내 친구는 파란 옷을 좋아해!).
- '내 친구는 멋있어', '내 친구는 노래를 잘해', '내 친구는 친절해' 등 칭찬하는 말을 촉진한다.
- 서로 고맙다고 말한다.

Tips

친구의 얼굴을 보는 것만으로 행복한 느낌을 가질 수 있다면 정서행동장애아동을 위해 얼마나 좋을까? 친구의 표정을 보고 안심할 수 있다면 세상이 안전하다고 느낄 것이다. 이 프로그램은 친구의 장점을 찾아내고 인정해 주는 것으로부터 시작된다. 얼굴을 그리기 위하여 친구가 입고 온 옷, 머리 모양, 눈, 코, 입, 귀 등의 신체를 살펴보아야 하고, 말로 표현해야 한다. 친구를 위해 그림을 그려 주었다는 안도감, 효능감을 가질 수 있다. 서로 각각의 얼굴을 그려 주면서 '친구가 좋아', '내 친구', '내 친구는 파란 옷을 좋아해' 등 호의적인 감정을 표현하도록 격려한다. 감정을 표정으로 나타내고, 표정을 말로 설명하는 과정은 감정을 언어로 표출할 수 있는 자기표현 능력을 기를 수 있다. 때로 공격과 자기주장을 구분하기 어려워한다면 표정을 사용하여 감정을 표출하도록 도울 수 있다. 그린 그림을 가정으로 보내자. 집에서도 친구를 생각하고 그리워한다면 우정까지 덤으로 얻을 수 있다.

● 프로그램 50 – 친구 얼굴 그리기 ●

1. 재료 준비–스케치북, 크레파스, 친구 사진
2. 활동 안내(친구 얼굴 그리기)하기
3. 제목 읽기(친구의 얼굴을 그려 봅시다)
4. 친한 친구의 얼굴을 그리자는 제안에 동의하기
   (좋아요, 끄덕이기, 나는 **그릴 거야 등)
5. 얼굴의 구성(눈, 코, 입, 머리 등의 특징) 말하기
6. 사진을 참고하여 얼굴과 옷 특징 그리기
7. 이름표에 맞게 그린 얼굴 붙이기
8. 친구 표정 말하기(웃어요, 찡그려요, 화나요)
9. 친구가 하는 말을 듣고 맞장구치기
10. 활동 참여에 대하여 칭찬하기

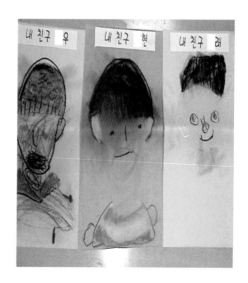

제 **51** 주

어떤 기분일까?

 학습목표

친구가 곤란한 상황에 처했을 때 어떤 느낌인지를 말할 수 있다.

🔄 핵심역량

마음이론, 감정표현, 상황에 맞게 감정표현하기, 감정추측하기

🌼 준비물

놀이터에서 놀다가 축구공에 맞아서 넘어진 그림, 유치원에서 놀다가 엄마가 도착하여 친구가 먼저 간 그림 카드, 스케치북

 절차

- 2~3명의 아동이 ㄷ자 배열로 책상 앞에 앉는다(가능하면 지원 가능한 봉사자, 실무원을 아동 뒤에 배치하여 필요한 경우 신체적·시각적·언어적 촉진법 사용).
- 자료를 보고 어떤 상황인지 설명하도록 촉진한다.
- '놀이터에서 놀고 있었어. 친구가 축구하다가 공을 찼는데 머리에 맞아서 넘어졌어. 어떤 느낌일까?'에 아동 자신의 느낌을 생각하여 말한다.
- '아파요', '억울해요', '기분 나빠요' 등의 생각을 말할 수 있도록 촉진한다.
- '친구는 어떤 느낌일까요?'에 느낌을 생각하여 말한다.
- '미안해요', '당황해요', '어쩔 줄 모르겠어요', '울어요' 등을 표현하고 표현에 맞는 표정을 짓도록 유도한다.
- '유치원 끝나고 엄마를 기다려요. 친구 엄마가 먼저 왔어요. 친구가 먼저 가고 있어요. 나는 어떤 느낌일까요?'라고 질문하고 '부러워요'라고 말하도록 촉진한다.
- '친구는 어떤 느낌일까요?'에 '기분이 좋아요', '다행이에요' 등의 감정을 표현하도록 격려한다.
- 다양한 느낌에 맞게 표정을 짓는다.
- 유사한 상황이 있었는지 묻는다.

- 아동의 반응을 유도하고, 그때의 느낌이 어땠는지 확인한다.
- 친구도 유사한 상황이라고 표현하고 도와주자고 말한다.
- 친구가 다치거나 곤란하면 도움을 주자고 말한다.

정서행동장애아동은 감정을 공유하고, 어려움을 함께 느끼기 어렵다. 다른 사람이 곤란을 느낄 때 함께 아파하고 걱정하는 감정을 가질 수 있는 프로그램이다. 다양한 그림을 제시하고 이때 느낄 수 있는 다양한 감정을 표현하도록 한다. 공유 감정을 느끼고 표현할 때 칭찬하도록 하여 공감장애를 벗어나도록 촉진한다. 친구를 다치게 하거나 친구가 자해행동을 보이는 행동을 공감적 느낌을 갖는다면, 친사회적 행동을 지원하는 데 도움을 줄 수 있다. '안쓰럽다', '민망하다', '당황스럽다', '억울하다', '아프다' 등의 다양한 단어를 사용하여 감정을 이해하고 다스리는 경험을 갖도록 한다. '기분 좋다', '다행이에요' 등의 안도감을 표시하는 표현을 늘려 준다. 그림으로 상황을 가정한 후 다양한 감정을 표현하도록 한다. 반려동물을 키우면서 공감지도를 돕는 것도 효과적이다.

● 프로그램 51 – 어떤 기분일까? ●

1. 재료 준비－놀이터에서 놀다가 축구공에 맞아서 넘어진 그림, 유치원에서 놀다가 엄마가 도착하여 친구가 먼저 간 그림 카드, 스케치북
2. 활동 안내(어떤 기분일까?)하기
3. 제목 읽기(어떤 느낌일까요?)
4. '놀이터에서 놀고 있었어. 친구가 축구하다가 공을 찼는데 머리에 맞아서 넘어졌어. 어떤 느낌일까?'에 내 느낌을 생각하기('아파요', '억울해요', '기분 나빠요' 등). '친구는 어떤 느낌일까요?'에 느낌을 생각하기('미안해요', '당황해요', '어쩔 줄을 모르겠어요', '울어요' 등)
5. '유치원 끝나고 엄마를 기다려요. 친구 엄마가 먼저 왔어요. 친구가 먼저 가고 있어요. 나는 어떤 느낌일까요?', '부러워요'라고 말하기, '친구는 어떤 느낌일까요?'('기분이 좋아요', '다행이에요' 등)
6. 다양한 상황을 듣고 느낌 말하기
7. 활동 참여에 대하여 칭찬하기

제 **52** 주

친구에게 추천하기

 학습목표

자신의 경험을 친구에게 추천할 수 있다.

핵심역량

마음이론, 감정표현, 추천하기, 경험 말하기

준비물

보드, 색상지, 추천할 내용 적은 문장 카드, 가위, 풀

 절차

- 2~3명의 아동이 ㄷ자 배열로 책상 앞에 앉는다(가능하면 지원 가능한 봉사자, 실무원을 아동 뒤에 배치하여 필요한 경우 신체적·시각적·언어적 촉진법 사용).
- '나는 귤을 좋아해, 너도 먹어 봐'라고 말하며 추천한다.
- '좋아' 하고 귤을 받아서 먹는다.
- 제안하는 것을 추천한다고 말한다.
- 아동에게 지난 주말에 특별한 경험을 했다고 자랑하도록 한다.
- 다음 문장을 가위로 오린 후 읽는다.
- '나는 스케이트장을 추천할래. 나는 스케이트를 탔어. 나는 스케이트를 좋아해. 지난 토요일에 아빠랑 갔어. 너희들도 한번 가 봐. 스케이트 타는 것은 참 재미있어. 나는 김연아 선수가 스케이트 타는 것을 봤어. 너도 꼭 해 봐'라는 문장을 읽고 추천하도록 유도한다.
- '나도 스케이트 탔어'라고 내 경험을 말하고, 추천에 대해 응하도록 촉진한다.
- 서로 추천하고, 알았다고 말한다.
- 칭찬한다.

 **Tips**

자신이 좋아하는 것을 친구와 나누는 경험은 즐거움과 보람을 준다. 정서행동장애아동은 공감 결여나 정서표현을 촉진할 필요가 있다. 특별한 경험을 한 이후에 문장이나 사진일기를 작성하고 자랑하는 경험을 갖게 한다. 친구에게 좋은 경험을 말해 주고 그 경험을 추천하도록 하여 경험을 공유하도록 돕는다. 추천을 받은 사람의 예의는 추천을 해 주어서 고맙다고 말하는 것이다. 추천을 한 사람은 좋은 느낌을 가질 수 있다. 음식, 과일, 과자, 놀이공원, 동물을 보았어, TV에서 본 고양이 등 아동 개개인의 소중한 경험을 친구를 위해 추천하도록 한다. 서로 고마워하고, 서로 추천하는 분위기로 우정을 키울 수 있다. 제안하는 언어, 추천하는 언어 사용과 제안을 받아들이는 언어 사용 등을 반복적으로 노출하여 루틴 안에서 언어를 사용할 수 있도록 돕는다. 감정표현에 익숙하지 않은 아동은 표정을 짓거나 제스처를 연습하는 좋은 프로그램이다.

● 프로그램 52 – **친구에게 추천하기** ●

1. 재료 준비—보드, 색상지, 추천할 내용을 적은 문장 카드, 가위, 풀

2. 활동 안내(경험한 내용을 친구에게 추천하기)하기

3. 제목 읽기(친구에게 추천하기)

4. '나는 스케이트장을 추천할래. 나는 스케이트를 탔어. 나는 스케이트를 좋아해. 지난 토요일에 아빠랑 갔어. 너희들도 한번 가 봐. 스케이트 타는 것은 참 재미있어. 나는 김연아 선수가 스케이트 타는 것을 봤어. 너도 꼭 해 봐'를 읽고 내 경험 말하기

5. 문장의 미완성 부분(○○) 부분을 다양하게 채우고 자신의 경험에 비추어 말하기

6. '너도 꼭 해 봐'라는 제안에 '고마워' 하고 답하기

7. 친구의 경험을 듣고 부러워하는 반응하기('부러워', '나도 해 보고 싶어')

8. 활동 참여에 대하여 칭찬하기

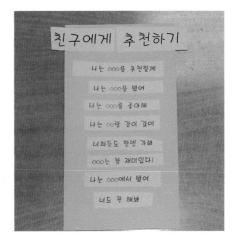

부록 *

DSM−5 정서행동장애 진단 편람

*Reprinted with permission from the Diagnostic and Statistical manual of Mental Disorders, Fifth Edition, (Copyright 2013), American Psychiatric Association.
한국어판: DSM-5 정신질환의 진단 및 통계 편람(제5판), (주)학지사, 2015.

매주 하루! 체험활동을 통한

정서행동장애 조기개입

1. 불안장애(Anxiety Disorders)

1) 분리불안장애(Separation Anxiety Disorder)

진단기준	309.21(F93.0)

A. 애착 대상과의 분리에 대한 공포나 불안이 발달수준에 비추어 볼 때 부적절하고 지나칠 정도로 발생한다. 다음 중 세 가지 이상이 나타나야 한다.

1. 집 또는 주 애착 대상과 떨어져야 할 때 과도한 고통을 반복적으로 겪음
2. 주 애착 대상을 잃거나 질병이나 부상, 재앙 혹은 죽음 같은 해로운 일들이 그에게 일어날 것이라고 지속적으로 과도하게 걱정함
3. 곤란한 일(예: 길을 잃거나 납치당하거나 사고를 당하거나 아프게 되는 것)이 발생하여 주 애착 대상과 떨어지게 될 것이라고 과도하게 걱정함
4. 분리에 대한 공포 때문에 집을 떠나 학교, 직장 혹은 다른 장소에 외출하는 것을 지속적으로 거부하거나 거절함
5. 집이나 다른 장소에서 주 애착 대상 없이 있거나 혼자 있는 것에 대해 지속적으로 과도하게 두려워하거나 거부함
6. 집에서 떠나 잠을 자는 것이나 주 애착 대상 곁이 아닌 곳에서 자는 것을 지속적으로 과도하게 두려워하거나 거절함
7. 분리 주제와 연관된 반복적인 악몽을 꿈
8. 주 애착 대상과 떨어져야 할 때 신체 증상을 반복적으로 호소함(예: 두통, 복통, 오심, 구토)

B. 공포, 불안, 회피 반응이 아동, 청소년에서는 최소한 4주 이상, 성인에게는 전형적으로 6개월 이상 지속되어야 한다.

C. 장애가 사회적, 직업적, 또는 다른 중요한 기능 영역에서 임상적으로 현저한 고통이나 손상을 초래한다.

D. 장애가 다른 정신질환으로 더 잘 설명되지 않는다(예: 자폐장애에게서 변화에
   대한 저항으로 인해 집 밖에 나가는 것을 회피하는 것, 정신병리적 장애에서 분리
   에 대한 망상이나 환각이 있는 경우, 광장공포증으로 인해 믿을 만한 동반자 없이
   는 밖에 나가기를 거부하는 경우, 범불안장애에서 건강문제나 다른 해로운 일이 중
   요한 대상에게 생길까 봐 걱정하는 것, 질병불안장애에서 질병이 발생할까 봐 걱정
   하는 것).

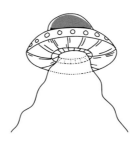

2) 선택적 함묵증(Selective Mutism)

진단기준	313.23(F94.0)

A. 다른 상황에서는 말을 할 수 있음에도 불구하고 말을 많이 해야 하는 특정 사회적 상황(예: 학교)에서 일관되게 말을 하지 않는다.

B. 장애가 학습이나 직업상의 성취 혹은 사회적 소통을 방해한다.

C. 이러한 증상이 최소 1개월 이상 지속된다(학교생활의 첫 1개월에만 국한되지 않는 경우).

D. 사회적 상황에서 필요한 말에 대한 지식이 부족하거나, 언어가 익숙하지 않은 것으로 인해 말을 하지 않는 것이 아니다.

E. 장애가 의사소통장애(예: 아동기 발현 유창성 장애)로 더 잘 설명되지 않고, 자폐성장애, 조현병 또는 다른 정신병리적 장애의 경과 중에만 발생되지는 않는다.

3) 공황장애(Panic Disorder)

진단기준   300.01(F41.00)

A. 반복적으로 예상하지 못한 공황발작이 있다. 공황발작은 극심한 공포와 고
   통이 갑작스럽게 발생하여 수 분 이내에 최고조에 이르러야 하며, 그 시간 동
   안 다음 중 네 가지 이상의 증상이 나타난다.

   주의점: 갑작스러운 증상의 발생은 차분한 상태나 불안한 상태에서 모두 나
   타난다.

   1. 가슴 두근거림 또는 심장박동수의 증가
   2. 발한
   3. 몸이 떨리거나 다리가 후들거림
   4. 숨이 가쁘거나 답답한 느낌
   5. 질식할 것 같은 느낌
   6. 흉통 또는 가슴 불편감
   7. 메스꺼움 또는 복부 불편감
   8. 어지럽거나 불안정하거나 멍한 느낌이 들거나 쓰러질 것 같음
   9. 춥거나 화끈거리는 느낌
   10. 감각이상(감각이 둔해지거나 따끔거리는 느낌)
   11. 비현실감(현실이 아닌 것 같은 느낌) 혹은 이인증(나에게서 분리된 느낌)
   12. 스스로 통제할 수 없거나 미칠 것 같은 두려움
   13. 죽을 것 같은 공포

주의점: 문화특이적 증상(예: 이명, 목의 따끔거림, 두통, 통제할 수 없는 소리 지름이나 울음)도 보일 수 있다. 이러한 증상들은 앞에서 진단에 필요한 네 가지 증상에는 포함되지 않는다.

B. 적어도 1회 이상의 발작 이후에 1개월 이상 다음 중 한 가지 이상의 조건에 만족해야 한다.

    1. 추가적인 공황발작이나 그에 대한 결과(예: 통제를 잃음, 심장발작을 일으킴, 미치는 것)에 대한 지속적인 걱정
    2. 발작과 관련된 행동으로 현저하게 부적응적인 변화가 일어남(예: 공황발작을 회피하게 위한 행동으로 운동이나 익숙하지 않은 환경을 피하는 것 등)

C. 장애는 물질(예: 남용약물, 치료 약물)의 생리적 효과나 다른 의학적 상태(예: 갑상성 기능항진증, 심폐질환)로 인한 것이 아니다.

D. 장애가 다른 정신질환으로 더 잘 설명되지 않는다(예: 사회불안장애에서처럼 공포스러운 사회적 상황에서만 발작이 일어나서는 안 된다. 특정공포증에서처럼 공포 대상이나 상황에서만 나타나서는 안 된다. 강박장애에서처럼 강박사고에 의해 나타나서는 안 된다. 외상후 스트레스장애에서처럼 외상성 사건에 대한 기억에만 관련되어서는 안 된다. 분리불안장애에서처럼 애착 대상과의 분리에 의한 것이어서는 안 된다).

4) 특정공포증(Specific Phobia)

진단기준	300.29

A. 특정 대상이나 상황에 대해서 극심한 공포나 불안이 유발된다(예: 비행기 타기, 고공, 동물, 주사 맞기, 피를 봄).

B. 공포 대상이나 상황은 대부분의 경우 즉각적인 공포나 불안을 유발한다.

C. 공포 대상이나 상황을 회피하거나 아주 극심한 공포나 불안을 지닌 채 참아낸다.

D. 공포나 불안이 특정 대상이나 상황이 줄 수 있는 실제 위험에 대한 것보다 극심하며 사회문화적 맥락에서 통상적으로 받아들여지는 것보다 심하다.

E. 공포, 불안, 회피 반응은 전형적으로 6개월 이상 지속된다.

F. 공포, 불안, 회피는 사회적, 직업적, 또는 다른 중요한 기능 영역에서 임상적으로 현저한 고통이나 손상을 초래한다.

G. 장애가 다른 정신질환으로 더 잘 설명되지 않는다. 공포, 불안, 회피가 광장 공포증에서 공황 유사 증상이나 다른 당황스러운 증상들과 관련된 상황, 강박장애에서 강박사고와 연관된 대상이나 상황, 외상후 스트레스장애에서 외상 사건을 상기시키는 것, 분리불안장애에서 집이나 애착 대상으로부터 분리되는 것, 사회불안장애에서의 사회 상황과 연관된 경우가 아니어야 한다.

다음의 경우 명시할 것:

공포 자극을 기준으로 한 부호화

300.29(D40.218) 동물형(예: 거미, 곤충, 개)

300.29(F40.228) 자연환경형(예: 고공, 폭풍, 물)

300.29(F40.23X) 혈액-주사-손상형(예: 바늘, 침투적인 의학적 시술)

부호화 시 주의점: ICD-10-CM 부호에서는 다음과 같다.

F40.230: 혈액에 대한 공포

F40.231: 주사, 수혈에 대한 공포

F40.232: 기타 의학적 도움에 대한 공포

F40.233: 부상에 대한 공포

300.29(F40.248) 상황형(예: 비행기, 엘리베이터, 밀폐된 장소)

300.29(F40.298) 기타형[예: 질식, 구토를 유발하는 상황, 아이들의 경우, 예를 들면 큰 소리나 가장 인물들(가장 캐릭터)]

부호화 시 주의점: 만약 하나 이상의 공포 자극이 있다면 모든 적용 가능한 ICD-10-CM 부호를 적어야 한다(예: 뱀과 비행기를 무서워한다면 F40.218 동물형과 F40.248 상황형을 모두 적는다).

5) 사회불안장애, 사회공포증(Social Anxiety Disorder, Social Phobia)

진단기준   300.23(F40.10)

A. 타인에게 면밀하게 관찰될 수 있는 하나 이상의 사회적 상황에 노출되는 것을 극도로 두려워하거나 불안해한다. 그러한 상황의 예로는 사회적 관계(예: 대화를 하거나 낯선 사람을 만나는 것), 관찰되는 것(예: 음식을 먹거나 마시는 자리), 다른 사람들 앞에서 수행을 하는 것(예: 연설)을 들 수 있다.
   주의점: 아이들에서는 성인과의 관계가 아니라 아이들 집단 내에서 불안해할 때만 진단해야 한다.

B. 다른 사람들에게 부정적으로 평가되는 방향(수치스럽거나 당황한 것으로 보임. 다른 사람을 거부하거나 공격하는 것으로 보임)으로 행동하거나 불안 증상을 보일까 봐 두려워한다.

C. 이러한 사회적 상황이 거의 공포나 불안을 일으킨다.
   주의점: 아동의 경우 공포와 불안은 울음, 분노발작, 얼어붙음, 매달리기, 움츠러듦, 혹은 사회적 상황에서 말을 하지 못하는 것으로 표현될 수 있다.

D. 이러한 사회적 상황을 회피하거나 극심한 공포와 불안 속에 견딘다.

E. 이러한 불안과 공포는 실제 사회적 상황이나 사회문화적 맥락에서 볼 때 실제 위험에 비해 비정상적으로 극심하다.

F. 공포, 불안회피는 전형적으로 6개월 이상 지속되어야 한다.

G. 공포, 불안, 회피는 사회적, 직업적, 또는 다른 중요한 기능 영역에서 임상적으로 현저한 고통이나 손상을 초래한다.

H. 공포, 불안, 회피는 물질(예: 물질남용, 치료 약물)의 생리적 효과나 다른 의학 적 상태로 인한 것이 아니다.

I. 공포, 불안, 회피는 공황장애, 신체이형장애, 자폐성장애와 같은 다른 정신질 환으로 더 잘 설명되지 않는다.

J. 만약 다른 의학적 상태(예: 파킨슨병, 비만, 화상이나 신체훼손)가 있다면, 공포, 불안, 회피는 이와 무관하거나 혹은 지나칠 정도다.

다음의 경우 명시할 것:
　수행형 단독: 만약 공포가 대중 앞에서 말하거나 수행하는 것에 국한될 때

2. 외상 및 스트레스 관련 장애
(Trauma-and Stressor-Related Disorders)

1) 반응성 애착장애(Reactive Attachment Disorder)

진단기준   313.89(F94.1)

A. 성인 보호자에 대한 억제되고 감정적으로 위축된 행동의 일관된 양식이 다음의 두 가지 모두로 나타난다.

  1. 아동은 정신적 고통을 받을 때 거의 안락을 찾지 않거나 최소한의 정도로만 안락을 찾음
  2. 아동은 정신적 고통을 받을 때 거의 안락에 대한 반응이 없거나 최소한의 정도로만 안락에 대해 반응함

B. 지속적인 사회적, 감정적 장애가 다음 중 최소 두 가지 이상으로 나타난다.

  1. 타인에 대한 최소한의 사회적, 감정적 반응성
  2. 제한된 긍정적 정동
  3. 성인 보호자의 비위협적인 상호작용을 하는 동안에도 설명되지 않는 과민성, 슬픔, 또는 무서움의 삽화

C. 아동이 불충분한 양육의 극단적인 양식을 경험했다는 것이 다음 중 최소 한 가지 이상에서 분명하게 드러난다.

  1. 성인 보호자에 의해 충족되는 안락과 자극, 애정 등의 기본적인 감정적 요구에 대한 지속적인 결핍이 사회적 방임 또는 박탈의 형태로 나타남
  2. 안정된 애착을 형성하는 기회를 제한하는 주 보호자의 반복적인 교체(예: 위탁보육에서의 잦은 교체)

3. 선택적 애착을 형성하는 기회를 고도로(심각하게) 제한하는 독특한 구조의 양육(예: 아동
　　　이 많고 보호자가 적은 기관)

D. 진단기준 C의 양육이 진단기준 A의 장애행동에 대한 원인이 되는 것으로 추
　정된다(예: 진단기준 A의 장애는 진단기준 C의 적절한 양육결핍 후에 시작했다).

E. 진단기준이 자폐성장애를 만족하지 않는다.

F. 장애가 5세 이전에 시작된 것이 명백하다.

G. 아동의 발달연령이 최소 9개월 이상이어야 한다.

　다음의 경우 명시할 것
　지속성: 장애가 현재까지 12개월 이상 지속된다.
　현재의 심각도를 명시할 것
　반응성 애착장애에서 아동이 장애의 모든 증상을 드러내며, 각각의 증상이
　상대적으로 높은 수준을 나타낼 때 고도로 명시한다.

2) 외상후 스트레스장애(Posttraumatic Stress Disorder)

| 진단기준 | 309.81(F43.10) |

| 외상후 스트레스장애 |

　주의점: 이 기준은 성인, 청소년 그리고 7세 이상의 아동에게 적용한다. 6세 또는 더 어린 아동을 위해서는 다음의 해당 기준을 보기 바란다.

A. 실제적이거나 위협적인 죽음, 심각한 부상 또는 성폭력에의 노출이 다음과 같은 방식 가운데 한 가지(또는 그 이상)에서 나타난다.

　1. 외상성 사건에 대한 직접적인 경험

　2. 그 사건이 다른 사람들에게 일어난 것을 생생하게 목격함

　3. 외상성 사건이 가족, 가까운 친척 또는 친한 친구에게 일어난 것을 알게 됨

　주의점: 가족, 친척 또는 친구에게 생긴 실제적이거나 위협적인 죽음은 그 사건이 폭력적이거나 돌발적으로 발생한 것이어야만 한다.

　4. 외상성 사건의 혐오스러운 세부 사항에 대한 반복적이거나 지나친 노출의 경험(예: 변사체 처리의 최초 대처자, 아동학대의 세부 사항에 반복적으로 노출된 경찰관)

　주의점: 진단기준 A4는 노출이 일과 관계된 것이 아닌 한 전자미디어, 텔레비전, 영화 또는 사진을 통해 노출된 경우는 적용되지 않는다.

B. 외상성 사건이 일어난 후에 시작된, 외상성 사건과 관련이 있는 침습 증상의 존재가 다음 중 한 가지(또는 그 이상)에서 나타난다.

　1. 외상성 사건의 반복적, 불수의적이고 침습적인 고통스러운 기억

　주의점: 7세 이상의 아동에서는 외상성 사건의 주제 또는 양상이 표현되는 반복적인 놀이로 나타날 수 있다.

　2. 꿈의 내용과 정동이 외상성 사건과 관련되는 반복적으로 나타나는 고통스러운 꿈

주의점: 아동에서는 내용을 알 수 없는 악몽으로 나타나기도 한다.

3. 외상성 사건이 재생되는 것처럼 그 개인이 느끼고 행동하게 되는 해리성 반응(예: 플래시백)(그러한 반응은 연속선상에서 나타나며, 가장 극한 표현은 현재 주변 상황에 대한 인식의 완전한 소실일 수 있음)

주의점: 아동에서는 외상의 특정한 재현이 놀이로 나타날 수 있다.

4. 외상성 사건을 상징하거나 닮은 내부 또는 외부의 단서에 노출되었을 때 나타나는 극심하거나 장기적인 심리적 고통

5. 외상성 사건을 상징하거나 닮은 내부 또는 외부의 단서에 대한 뚜렷한 생리적 반응

C. 외상성 사건들이 일어난 후에 시작된 외상성 사건과 관련이 있는 자극에 대한 지속적인 회피가 다음 중 한 가지 또는 두 가지 모두에서 명백하다.

1. 외상성 사건에 대한 또는 밀접한 관련이 있는 고통스러운 기억, 생각 또는 감정을 회피 또는는 회피하려는 노력

2. 외상성 사건에 대한 또는 밀접한 관련이 있는 고통스러운 기억, 생각 또는 감정을 불러일으키는 외부적 암시(사람, 장소, 대화, 행동, 사물, 상황)를 회피 또는 회피하려는 노력

D. 외상성 사건이 일어난 후에 시작되거나 악화된 외상성 사건과 관련이 있는 인지와 감정의 부정적 변화가 다음 중 두 가지 또는 그 이상에서 나타난다.

1. 외상성 사건의 중요한 부분을 기억할 수 없는 무능력(두부 외상, 알코올 또는 약물 등의 이유가 아니며, 전형적으로 해리성 기억상실에 기인)

2. 자신, 다른 사람 또는 세계에 대한 지속적이고 과장된 부정적인 믿음 또는 예상(예: '나는 나쁘다', '누구도 믿을 수 없다', '이 세계는 전적으로 위험하다', '나의 전체 신경계는 영구적으로 파괴되었다')

3. 외상성 사건의 원인 또는 결과에 대하여 지속적으로 왜곡된 인지를 하여 자신 또는 다른 사람을 비난

4. 지속적으로 부정적인 감정 상태(예: 공포, 경악, 화, 죄책감, 수치감)

5. 주요 활동에 대해 현저하게 저하된 흥미 또는 참여

6. 다른 사람과의 사이가 멀어지거나 소원해지는 느낌

7. 긍정적 감정을 경험할 수 없는 지속적인 무능력(예: 행복, 만족 또는 사랑의 느낌을 경험할 수 없는 무능력)

E. 외상성 사건이 일어난 후에 시작되거나 악화된 외상성 사건들과 관련이 있는 각성과 반응성의 뚜렷한 변화가 다음 중 두 가지 또는 그 이상에서 현저하다.

1. (자극이 거의 없거나 아예 없이) 전형적으로 사람 또는 사물에 대한 언어적 또는 신체적 공격성으로 표현되는 민감한 행동과 분노 폭발

2. 무모하거나 자기파괴적 행동

3. 지나치게 각성된 반응

4. 과장된 놀람 반응

5. 집중력 문제

6. 수면장애(예: 수면을 취하거나 유지하는 데 어려움 또는 불안정한 수면)

F. 장애(진단기준 B, C, D 그리고, E)의 기간이 1개월 이상이어야 한다.

G. 장애가 사회적, 직업적, 또는 다른 중요한 기능 영역에서 임상적으로 현저한 고통이나 손상을 초래한다.

H. 장애가 물질(예: 치료 약물이나 알코올)의 생리적 효과나 다른 의학적 상태로 인한 것이 아니다.

다음 중 하나를 명시할 것:

해리 증상 동반: 개인의 증상이 외상후 스트레스장애의 기준에 해당하고, 또한 스트레스에 반응하여 그 개인이 다음에 해당하는 증상을 지속적이거나 반복적으로 경험한다.

1. 이인증: 스스로의 정신과정 또는 신체로부터 떨어져서 마치 외부 관찰자가 된 것 같은 지속적 또는 반복적 경험(예: 꿈속에 있는 느낌, 자신 또는 신체의 비현실감 또는 시간이 느리게 가

는 감각을 느낌)
2. 비현실감: 주위 환경의 비현실성에 대한 지속적 또는 반복적 경험(예: 개인을 둘러싼 세계를 비현실적, 꿈속에 있는 듯한, 멀리 떨어져 있는, 또는 왜곡된 것처럼 경험)
주의점: 이 아형을 쓰려면 해리 증상은 물질의 생리적 효과(예: 알코올 중독 상태에서의 일시적 기억상실, 행동)나 다른 의학적 상태(예: 복합 부분 발작)로 인한 것이 아니어야 한다.
다음의 경우 명시할 것:
지연되어 표현되는 경우: (어떤 증상의 시작과 표현은 사건 직후 나타날 수 있더라도) 사건 이후 최소 6개월이 지난 후에도 모든 진단기준을 만족할 때

ㅣ6세 이하 아동의 외상후 스트레스장애 포함ㅣ

A. 6세 또는 그보다 더 어린 아동에서는 실제적이거나 위협적인 죽음, 심각한 부상 또는 성폭력에의 노출이 다음과 같은 방식 가운데 한 가지 또는 그 이상에서 나타난다.

1. 외상성 사건에 대한 직접적인 경험
2. 그 사건이 다른 사람들, 특히 주 보호자에게 일어난 것을 생생하게 목격함
주의점: 목격이 전자미디어, 텔레비전, 영화 또는 사진을 통한 경우는 포함되지 않는다.
3. 외상성 사건이 부모 또는 보호자에게 일어난 것을 알게 됨

B. 외상성 사건이 일어난 후에 시작된 외상성 사건과 관련이 있는 침습 증상의 존재가 다음 중 한 가지 혹은 그 이상에서 나타난다.

1. 외상성 사건의 반복적, 불수의적이고, 침습적인 고통스러운 기억
주의점: 자연발생적이고 침습적인 기억이 고통스럽게 나타나야만 하는 것은 아니며, 놀이를 통한 재현으로 나타날 수 있다.
2. 꿈의 내용과 정동이 외상성 사건과 관련되는 반복적으로 나타나는 고통스러운 꿈

주의점: 꿈의 무서운 내용이 외상성 사건과 연관이 있는지 아닌지 확신하는 것이 가능하지 않을 수 있다.

3. 외상성 사건이 재생되는 것처럼 그 아동이 느끼고 행동하게 되는 해리성 반응(예: 플래시백)(그러한 반응은 연속선상에서 나타나며, 가장 극한 표현은 현재 주변 상황에 대한 인식의 완전한 소실일 수 있음) 그러한 외상의 특정한 재현은 놀이로 나타날 수 있다.

4. 외상성 사건을 상징하거나 닮은 내부 또는 외부의 단서에 노출되었을 때 나타나는 극심하거나 장기적인 심리적 고통

5. 외상성 사건을 상기하는 것에 대한 현저한 생리적 반응

C. 외상성 사건이 일어난 후에 시작되거나 악화된, 외상성 사건들과 관련이 있는 자극의 지속적인 회피, 또는 외상성 사건과 관련이 있는 인지와 감정의 부정적 변화를 대변하는 다음 중 한 가지(또는 그 이상의) 증상이 있다.

자극의 지속적 회피

1. 외상성 사건을 상기시키는 활동, 장소, 또는 물리적 암시 등을 회피 또는 회피하려는 노력

2. 외상성 사건을 상기시키는 사람, 대화, 또는 대인관계 상황 등을 회피 또는 회피하려는 노력

인지의 부정적 변화

3. 부정적 감정 상태의 뚜렷한 빈도 증가(예: 공포, 죄책감, 슬픔, 수치심, 혼란)

4. 놀이의 축소를 포함하는 주요 활동에 대해 현저하게 저하된 흥미 또는 참여

5. 사회적으로 위축된 행동

6. 긍정적인 감정표현의 지속적인 감소

D. 외상성 사건이 일어난 후에 시작되거나 악화된 외상성 사건과 관련이 있는 각성과 반응성의 변화가 다음 중 두 가지에서 명백하다.

1. 전형적으로 사람 또는 사물에 대한 언어적 또는 신체적 공격성으로(극도의 분노 발작 포함) 표현되는 민감한 행동과 분노 폭발(자극이 거의 없거나 아예 없이)

2. 지나치게 각성된 반응

3. 과장된 놀람 반응

4. 집중력의 문제

5. 수면장애(예: 수면을 취하거나 유지하는 데 어려움 또는 불완전한 수면)

E. 장애의 기간이 1개월 이상이어야 한다.

F. 장애가 부모, 형제, 또래 또는 다른 보호자와의 관계 또는 학교생활에서 임상적으로 현저한 고통이나 손상을 초래한다.

G. 장애가 물질(예: 치료 약물이나 알코올)의 생리적 효과나 다른 의학적 상태로 인한 것이 아니다.

다음 중 하나를 명시할 것:

해리 증상 동반: 개인의 증상이 외상후 스트레스장애의 기준에 해당하고 그 개인이 다음에 해당하는 증상을 지속적이거나 반복적으로 경험한다.

1. 이인증: 스스로의 정신 과정 또는 신체로부터 떨어져서 마치 외부 관찰자가 된 것 같은 지속적 또는 반복적 경험(예: 꿈속에 있는 느낌, 자신 또는 신체의 비현실감 또는 시간이 느리게 가는 감각을 느낌)

2. 비현실감: 주위 환경의 비현실성에 대한 지속적 또는 반복적 경험(예: 개인을 둘러싼 세계를 비현실적, 꿈속에 있는 듯한, 멀리 떨어져 있는, 또는 왜곡된 것처럼 경험)

주의점: 이 아형을 쓰려면 해리 증상은 물질의 생리적 효과(예: 일시적 기억상실)나 다른 의학적 상태(예: 복합 부분 발작)로 인한 것이 아니어야 한다.

다음의 경우 명시할 것:

지연되어 표현되는 경우: 사건 이후 최소 6개월이 지난 후에 모든 진단기준을 만족할 때(어떤 증상의 시작과 표현은 사건 직후 나타날 수 있더라도)

3) 급성 스트레스 장애(Acute Stress Disorder)

진단기준	308.3(F43.0)

A. 실제적이거나 위협적인 죽음, 심각한 부상, 성폭력에의 노출이 다음과 같은 방식 가운데 한 가지(또는 그 이상)에서 나타난다.

  1. 외상성 사건에 대한 직접적인 경험
  2. 그 사건이 다른 사람들에게 일어난 것을 생생하게 목격함
  3. 외상성 사건이 가족, 가까운 친척 또는 친한 친구에게 일어난 것을 알게 됨
  주의점: 가족, 친척 또는 친구에게 생긴 실제적이거나 위협적인 죽음의 경우에는 그 사건이 폭력적이거나 돌발적으로 발생한 것이어야만 한다.
  4. 외상성 사건의 혐오스러운 세부 사항에 대한 반복적이거나 지나친 노출의 경험
     (예: 변사체 처리의 최초 대처자, 아동학대의 세부 사항에 반복적으로 노출된 경찰관)
  주의점: 진단기준 A4는 노출이 일과 관계된 것이 아닌 한 전자미디어, 텔레비전, 영화 또는 사진을 통해 노출된 경우는 적용되지 않는다.

B. 외상성 사건이 일어난 후에 시작되거나 악화된 침습, 부정적 기분, 해리, 회피와 각성의 5개 범주 중에서 어디서라도 다음 증상 중 아홉 가지 또는 그 이상에서 존재한다.
  침습 증상
  1. 외상성 사건의 반복적, 불수의적이고, 침습적인 고통스러운 기억
  주의점: 아동에서는 외상성 사건의 주제 또는 양상이 표현되는 반복적인 놀이가 나타날 수 있다.
  2. 꿈의 내용과 정동이 외상성 사건과 관련되는 반복적으로 나타나는 고통스러운 꿈
  주의점: 아동에서는 내용을 알 수 없는 악몽으로 나타나기도 한다.
  3. 외상성 사건이 재생되는 것처럼 그 개인이 느끼고 행동하게 되는 해리성 반응(예: 플래시백)(그러한 반응은 연속선상에서 나타나며, 가장 극한 표현은 현재 주변 상황에 대한 인식의 완전한 소실일 수 있음)

주의점: 아동에서는 외상의 특정한 재현이 놀이로 나타날 수 있다.

4. 외상성 사건을 상징하거나 닮은 내부 또는 외부의 단서에 노출되었을 때 나타나는 극심하거나 장기적인 심리적 고통 또는 현저한 생리적 반응

부정적 기분

5. 긍정적 감정을 경험할 수 없는 지속적인 무능력(예: 행복, 만족 또는 사랑의 느낌을 경험할 수 없는 무능력)

해리 증상

6. 주위 환경 또는 자기 자신에의 현실에 대한 변화된 감각(예: 스스로를 다른 사람의 시각에서 관찰, 혼란스러운 상태에 있는 것, 시간이 느리게 가는 것)

7. 외상성 사건의 중요한 부분을 기억하는 데의 장애(두부 외상, 알코올 또는 약물 등의 이유가 아니며 전형적으로 해리성 기억상실에 기인)

회피 증상

8. 외상성 사건에 대한 밀접한 관련이 있는 고통스러운 기억, 생각 또는 감정을 회피하려는 노력

9. 외상성 사건에 대한 또는 밀접한 관련이 있는 고통스러운 기억, 생각 또는 감정을 불러일으키는 외부적인 암시(사람, 장소, 재화, 행동, 사물, 상황)를 회피하려는 노력

각성 증상

10. 수면장애(예: 수면을 취하거나 유지하는 데 어려움 또는 불안한 수면)

11. 전형적으로 사람 또는 사물에 대한 언어적 또는 신체적 공격성으로 표현되는 민감한 행동과 분노 폭발(자극이 거의 없거나 아예 없이)

12. 지나치게 각성된 반응

13. 집중력의 문제

14. 과장된 놀람 반응

C. 장애(진단기준 B의 증상)의 기간은 외상 노출 후 3일에서 1개월까지다.
  주의점: 증상은 전형적으로 외상 후 즉시 시작하지만, 장애기준을 만족하려면 최소 3일에서 1개월까지 증상이 지속되어야 한다.

D. 장애가 사회적, 직업적, 또는 다른 중요한 기능 영역에서 임상적으로 현저한

고통이나 손상을 초래한다.

E. 장애가 물질(예: 치료 약물이나 알코올)의 생리적 효과나 다른 의학적 상태(예: 경도 외상성 뇌손상)로 인한 것이 아니며 단기정신병적 장애로 더 잘 설명되지 않는다.

3. 강박 및 관련 장애
(Obsessive-Compulsive and Related Disorders)

1) 강박장애(Obsessive-Compulsive Disorder: OCD)

진단기준   300.3(F42)

A. 강박사고나 강박행동 혹은 둘 다 존재하며, 강박사고는 (1) 또는 (2)로 정의 된다.

1. 반복적이고 지속적인 생각, 충동 또는 심상이 장애 시간의 일부에서는 침투적이고 원치 않는 방식으로 경험되며 대부분 현저한 불안이나 괴로 움을 유발함
2. 이러한 생각, 충동 및 심상을 경험하는 사람은 이를 무시하거나 억압하 려고 시도하며, 또는 다른 생각이나 행동을 통해 이를 중화시키려고 노 력함(즉, 강박행동을 함으로써)

강박행동은 (1)과 (2)로 정의된다.
1. 예를 들어, 손 씻기나 정리정돈하기, 확인하기와 같은 반복적 행동과 기도하기, 숫자 세 기, 속으로 단어 반복하기 등과 같은 심리 내적인 행위를 개인이 경험하는 강박사고에 대 한 반응으로 수행하게 되거나 엄격한 규칙에 따라 수행함
2. 행동이나 심리 내적인 행위들은 불안감이나 괴로움을 예방하거나 감소시키고, 또는 두려 운 사건이나 상황의 발생은 방지하려는 목적으로 수행됨. 그러나 이러한 행위들은 그 행 위의 대상과 현실적인 방식으로 연결되지 않거나 명백하게 과도한 것임
주의점: 어린 아동의 경우 이런 행동이나 심리 내적인 행위를 개인이 경험하 는 강박사고에 대한 반응으로 수행하게 되거나 엄격한 규칙에 따라 수행함

B. 강박사고나 강박행동은 시간을 소모하게 만들어(예: 하루에 1시간 이상), 사회적, 직업적, 또는 다른 중요한 기능 영역에서 임상적으로 현저한 고통이나 손상을 초래한다.

C. 강박 증상은 물질(예: 남용약물, 치료 약물)의 생리적 효과나 다른 의학적 상태로 인한 것이 아니다.

D. 장애가 다른 정신질환으로 더 잘 설명되지 않는다(예: 범불안장애에서의 과도한 걱정, 신체이형장애에서의 외모에 대한 집착, 수집광에서의 소지품 버리기 어려움, 발모광에서의 털 뽑기, 피부 뜯기 장애에서의 피부 뜯기, 상동증적 운동장애에서의 상동증, 섭식장애에서의 의례적인 섭식 행동, 물질 관련 및 중독장애에서의 물질이나 도박에의 집착, 질병불안장애에서의 질병에 대한 과도한 몰두-중략-자폐성장애에서의 반복적 행동 패턴 등).

2) 신체이형장애(Body Dysmorphic Disorder)

진단기준   300.7(F45.22)

A. 타인이 알아볼 수 없거나 혹은 미미한 정도인 하나 혹은 그 이상의 신체적 외모의 결함을 의식하고 이에 대해 지나친 몰두와 집착을 보인다.

B. 외모에 대한 걱정 때문에 질환 경과 중 어느 시점에 반복적 행동(예: 거울 보기, 과도한 치장, 피부 뜯기, 안심하려고 하는 행동)이나 심리 내적인 행위(예: 자신의 외모를 다른 이와 비교하는 것)를 보인다.

C. 이러한 외모에 대한 집착은 사회적, 학업적, 직업적 및 다른 중요한 기능 영역에 임상적으로 중요한 손상 또는 결함을 초래한다.

D. 외모에 대한 집착은 섭식장애를 가지고 있는 사람의 신체 지방이나 체중에 대한 염려로는 설명될 수 없다.

4. 급식 및 섭식장애(Feeding and Eating Disorders)

1) 이식증(Pica)

진단기준	307.52(F98.3)

A. 적어도 1개월 동안 비영양성, 비음식 물질을 계속 먹는다.

B. 비영양성, 비음식 물질을 먹는 것이 발달 수준에 비추어 볼 때 부적절하다.

C. 먹는 행동이 사회적 관습, 혹은 문화적 지지를 받지 못한다.

D. 만약 먹는 행동이 다른 정신질환(예: 지적장애, 자폐성장애, 조현병)이나 의학적 상태(임신 포함) 기간 중에만 나타난다면, 이 행동이 별도의 임상적 관심을 받아야 할 만큼 심각한 것이어야 한다.

2) 되새김장애(Rumination Disorder)

진단기준   307.53(F98.21)

A. 적어도 1개월 동안 음식물의 반복적인 역류가 있다. 역류된 음식은 되씹거나, 되삼키거나, 뱉어낼 수 있다.

B. 반복되는 역류는 동반되는 위장 상태 또는 기타 의학적 상태(예: 식도역류, 유문흡착증)로 인한 것이 아니다.

C. 섭식장애는 신경성 식욕부진증, 신경성 폭식증, 폭식장애 혹은 회피적/제한적 음식섭취장애의 경과 중에만 발생되지는 않는다.

D. 만약 증상이 다른 정신질환(예: 지적장애나 다른 신경발달장애)과 관련하여 발생한다면 이 증상은 별도로 임상적 관심을 받아야 할 만큼 심각한 것이어야 한다.

3) 회피적/제한적 음식섭취장애
(Avoidant/Restrictive Food Intake Disorder)

진단기준   307.59(F50.8)

A. 섭식 또는 급식장애(예: 음식 섭취에 대한 명백한 흥미 결여, 음식의 감각적 특성에 근거한 회피, 섭식의 부정적 결과에 대한 걱정)가 지속적으로 나타나 적절한 영양, 그리고 에너지가 부족하게 되고, 이는 다음과 관련이 있다.

   1. 심각한 체중 감소(혹은 아동에게 기대되는 체중에 미치지 못하거나 더딘 성장)
   2. 심각한 영양결핍
   3. 위장관 급식 혹은 경구영양보충제에 의존
   4. 정신사회적 기능에 많은 영향을 줌

B. 장애는 구할 수 있는 음식이 없거나 문화적으로 허용되는 처벌관행으로 인한 것으로 더 잘 설명되지 않는다.

C. 섭식장애는 신경성 식욕부진증이나 신경성 폭식증의 경과 중 나타나는 것이 아니고, 사람의 체중이나 체형에 관한 장애의 증거가 없어야 한다.

D. 섭식장애는 동반되는 의학적 상태로 인한 것이 아니고, 다른 정신질환으로 더 잘 설명되지 않는다. 만약 이 섭식장애가 다른 상태나 질환과 관련하여 발생한다면, 섭식장애의 심각도는 일반적으로 나타나는 것보다 심해야 하거나 별도로 임상적 관심을 받아야 할 만큼 심각한 것이어야 한다.

4) 신경성 폭식증(Bulimia Nervosa)

진단기준	307.51(F50.2)

A. 폭식의 증상이 반복적으로 재현된다. 폭식은 다음 두 가지에 의해 정의된다.

1. 대부분의 사람들이 유사한 상황에서 유사한 시간 동안 먹는 것보다 훨씬 많은 양의 음식을 일정 시간(예: 2시간 내) 동안 섭취
2. 폭식 삽화가 발생하는 동안 자신의 음식 섭취에 대한 통제력 상실(예: 음식 섭취를 멈출 수 없고 섭취하는 음식의 양을 조절할 수 없다)

B. 체중 증가를 방지하기 위하여 자기유도 구토, 설사제와 이뇨제 등의 약물남용, 금식, 과도한 운동 등 부적절한 보상 행동을 반복적으로 한다.

C. 폭식과 부적절한 보상 행동이 3개월 동안 주당 최소한 한 번 이상 발생한다.

D. 자기평가는 몸매와 체중에 의해 과도하게 영향을 받는다.

E. 이 증상들이 신경성 식욕부진증 삽화가 발생하는 기간 동안에만 발생하는 것은 아니다.

5. 배설장애(Elimination Disorders)

1) 유뇨증(Enuresis)

진단기준   307.6(F98.0)

A. 침구 또는 옷에 불수의적이든 의도적이든 반복적으로 소변을 본다.

B. 이러한 행동은 임상적으로 확연하게 나타나며, 적어도 연속된 3개월 동안 주
   2회 이상의 빈도로 일어나고, 사회적, 학업적(직업적) 또는 다른 중요한 기능
   영역에서 임상적으로 현저한 고통이나 손상을 초래한다.

C. 생활연령이 적어도 5세 이상이다(또는 이와 동일한 발달수준에 있다).

D. 이러한 행동은 물질(예: 이뇨제, 향정신병 치료 약물)의 생리적 효과나 다른 의
   학적 상태(예: 당뇨, 척수이분증, 발작장애)로 인한 것이 아니다.

2) 유분증(Encopresis)

진단기준   307.7(F98.1)

A. 부적절한 장소(예: 옷, 바닥)에 불수의적이든, 의도적이든 반복적으로 대변을 본다.

B. 이러한 상황이 적어도 3개월 동안에 월 1회 이상 나타난다.

C. 생활연령이 적어도 4세 이상이다(또는 이와 동일한 발달수준에 있다).

D. 이러한 행동은 물질(예: 완화제)의 생리적 효과나 변비를 일으키는 기전을 제외한 다른 의학적 상태로 인한 것이 아니다.

6. 수면-각성장애(Sleep-Wake Disorders)

1) 불면장애(Insomnia Disorder)

진단기준   307.42(F51.01)

A. 수면의 양이나 질의 현저한 불만족감으로 다음 중 한 가지 이상의 증상과 연관된다.

　1. 수면 개시의 어려움(아동의 경우 보호자의 중재 없이는 수면 개시가 어려움으로 나타나기도 한다).
　2. 수면 유지의 어려움으로 자주 깨거나 깬 뒤에 다시 잠들기 어려움 양상으로 나타남(아동의 경우 보호자의 중재 없이는 다시 잠들기 어려운 것으로 나타나기도 함)
　3. 이른 아침 각성하여 다시 잠들기 어려움

B. 수면장애가 사회적, 직업적, 교육적, 학업적, 행동적 또는 다른 중요한 기능 영역에서 임상적으로 현저한 고통이나 손상을 초래한다.

C. 수면 문제가 적어도 일주일에 3회 이상 발생한다.

D. 수면 문제가 적어도 3개월 이상 지속된다.

E. 수면 문제는 적절한 수면의 기회가 주어졌음에도 불구하고 발생한다.

F. 불면증이 다른 수면-각성장애(예: 기면증, 호흡 관련 수면장애, 일주기 리듬 수면-각성장애, 사건수면)로 더 잘 설명되지 않으며, 이러한 장애들의 경과 중에만 발생되지는 않는다.

G. 불면증은 물질(예: 남용약물, 치료 약물)의 생리적 효과로 인한 것이 아니다.

H. 공존하는 정신질환과 의학적 상태가 현저한 불면증 호소를 충분히 설명할 수 없다.

2) 과다수면장애(Hypersomnolence Disorder)

진단기준   307.44(F51.11)

A. 주요 수면 시간이 7시간 이상임에도 불구하고 과도한 졸림(과다수면)을 호소
   하며, 다음 중 한 가지 이상의 증상을 호소한다.

   1. 동일한 날에 반복적인 수면기를 보이거나 혹은 반복적으로 깜빡 잠듦
   2. 하루에 주요 수면 삽화가 9시간 이상 지속되나 피로 해소가 되지 않음(예: 개운하지 않음)
   3. 갑자기 깬 후에 완전히 각성 상태를 유지하기 어려움

B. 과다수면이 일주일에 3회 이상 발생하고, 적어도 3개월 이상 지속된다.

C. 과다수면이 인지적, 사회적, 직업적 또는 다른 중요한 기능 영역에서 현저한
   고통이나 손상을 동반한다.

D. 과다수면이 다른 수면장애(예: 기면증, 호흡 관련 수면장애, 일주기 리듬 수면-
   각성장애 또는 사건수면)로 다 잘 설명되지 않으며, 다른 수면장애의 경과 중
   에만 발생되지 않는다.

E. 과다수면 물질(예: 남용약물, 치료 약물)의 생리적 효과로 인한 것이 아니다.

F. 뚜렷한 과다수면 호소가 공존하는 정신질환과 의학적 장애가 현저한 과다수
   면 호소를 충분히 설명할 수 없다.

3) 기면증(Narcolepsy)

진단기준

A. 억누를 수 없는 수면욕구, 깜빡 잠이 드는 것, 또는 낮잠이 하루에 반복적으로 나타난다. 이런 양상은 3개월 동안 적어도 일주일에 3회 이상 발생한다.

B. 다음 중 한 가지 이상이 나타난다.

  1. (a)나 (b)로 정의되는 탈력 발작이 1개월에 수차례 발생함
     a. 장기간 유병된 환자의 경우, 웃음이나 농담에 의해 유발되는 짧은(수 초에서 수 분) 삽화의 의식이 있는 상태에서 양측 근육긴장의 갑작스러운 소실
     b. 아동이나 발병 6개월 이내의 환자의 경우, 분명한 감정 계기가 없이 혀를 내밀거나 근육긴장 저하를 동반한 얼굴을 찡그리거나 턱이 쳐지는 삽화
  2. 뇌척수액 하이포크레틴 결핍증을 보임
  3. 야간 수면다원 검사에서 급속안구운동 수면 잠복기가 15분 이내로 나타나거나 또는 수면 잠복기 검사에서 평균 수면 잠복기가 8분 이내로 나타나고, 2회 이상의 수면 개시 REM 수면이 나타남

4) 사건수면(Parasomnia)

NREM 수면 각성장애(Non-Rapid Eye Movement Sleep Arousal Disorders)

진단기준

A. 대개 주요 수면 삽화의 초기 1/3 동안에 발생한 잠에서 불완전하게 깨는 반복적인 삽화가 있고, 다음 중 한 가지 이상이 동반된다.

   1. 수면보행증: 수면 동안 침대에서 일어나서 걸어 다니는 반복적인 삽화. 수면 중 보행 동안 개인은 무표정하게 응시하는 얼굴을 보이고 대화하려는 다른 사람의 노력에 비교적 반응을 보이지 않음. 깨우기가 매우 어려움
   2. 야경증: 돌발적인 비명과 함께 시작되는, 수면 중 갑작스럽게 잠이 깨는 반복적인 삽화. 각 삽화 동안 심한 공포의 동공산대, 빈맥, 빈 호흡, 발한 같은 자율신경계 반응의 징후가 있고, 삽화 동안 안심시키려는 다른 사람의 노력에 비교적 반응하지 않음

B. 꿈 이미지를 전혀 또는 거의(예: 단지 시각적 한 장면) 회상하지 못한다.

C. 삽화를 기억하지 못한다.

D. 삽화가 사회적, 직업적, 또는 다른 중요한 기능 영역에서 임상적으로 현저한 고통이나 손상을 초래한다.

E. 장애가 물질(예: 약물남용, 치료 약물)의 생리적 효과로 인한 것이 아니다.

F. 공존하는 정신질환과 의학적 장애가 수면보행증이나 야경증 삽화를 충분히 설명할 수 없다.

5) 악몽장애(Nightmare Disorder)

진단기준	307.47(F51.5)

A. 대개 생존, 안전, 신체적 온전함에 대한 위협을 피하고자 노력하는 광범위하고 극도로 불쾌하며 생생하게 기억나는 꿈들의 반복적 발생이 일반적으로 야간 수면 시간의 후기 1/2 동안 일어난다.

B. 불쾌한 꿈으로부터 깨어나면 빠르게 지남력을 회복하고 각성한다.

C. 수면장애가 사회적, 직업적, 또는 다른 중요한 기능 영역에서 임상적으로 현저한 고통이나 손상을 초래한다.

D. 악몽 증상이 물질(예: 약물남용, 치료 약물)의 생리적 효과로 인한 것이 아니다.

E. 불쾌한 꿈에 호소가 공존하는 정신질환과 의학적 장애가 불쾌한 꿈에 대한 호소를 충분히 설명할 수 없다.

7. 우울장애(Depressive Disorders)

1) 파괴적 기분조절부전장애
(Disruptive Mood Dysregulation Disorder)

진단기준   296.99(F34.8)

A. 고도의 재발성 분노발작이 언어적(예: 폭언) 또는 행동적(예: 사람이나 사물에 대한 물리적 공격성)으로 나타나며, 상황이나 도발 자극에 비해 그 강도나 지속시간이 극도로 비정상적이다.

B. 분노발작이 발달수준에 부합하지 않는다.

C. 분노발작이 평균적으로 일주일에 3회 이상 발생한다.

D. 분노발작 사이의 기분이 지속적으로 과민하거나 거의 매일, 하루 중 대부분의 시간 동안 화가 나 있으며, 이것이 객관적으로 관찰될 수 있다(예: 부모, 선생님, 또래집단).

E. 진단기준 A~D가 12개월 이상 지속되며, 진단기준 A~D에 해당하는 모든 증상이 없는 기간이 연속 3개월 이상 되지 않는다.

F. 진단기준 A와 D가 세 환경(예: 가정, 학교, 또래집단) 중 최소 두 군데 이상에서 나타나며 최소 한 군데에서는 고도의 증상을 보인다.

G. 이 진단은 6세 이전 또는 18세 이후에 처음 진단될 수 없다.

H. 과거력 또는 객관적인 관찰에 의하면, 진단기준 A~E의 발생이 10세 이전이다.

I. 진단기준 A를 만족하는 기간을 제외하고 양극성장애의 조증 또는 경조증 삽화의 모든 진단기준을 만족하는 뚜렷한 기간이 1일 이상 있지 않아야 한다.
주의점: 매우 긍정적인 사건 또는 이에 대한 기대로 인해 전후 맥락에 맞게, 발달적으로 적절한 기분의 고조는 조증 또는 경조증의 증상으로 고려되지 않아야 한다.

J. 이러한 행동이 주요우울 삽화 중에만 나타나서는 안 되며, 다른 정신질환[(예: 자폐성장애, 외상후 스트레스장애, 분리불안장애, 지속성 우울장애(기분저하증)]으로 더 잘 설명되지 않는다.
주의점: 이 진단은 적대적 반항장애, 간헐적 폭발장애 또는 양극성장애와 동반 이환할 수 없으나, 주요우울장애, 주의력결핍 과잉행동장애, 품행장애, 물질사용장애와는 동반 이환할 수 있다. 파괴적 기분조절부전장애와 적대적 반항장애의 진단기준을 모두 만족시키는 증상을 가진 경우 파괴적 기분조절부전장애에만 진단을 내려야 한다. 만일 조증 또는 경조증 삽화를 경험했다면 파괴적 기분조절부전장애의 진단을 내려서는 안 된다.

K. 증상이 물질의 생리적 효과나 다른 의학적 또는 신경학적 상태로 인한 것이 아니다.

2) 주요우울장애(Major Depression Disorder)

___

진단기준

___

A. 다음의 증상 가운데 다섯 가지(또는 그 이상)의 증상이 2주 연속으로 지속되며 이전의 기능 상태와 비교할 때 변화를 보이는 경우, 증상 가운데 적어도 하나는 (1) 우울 기분이거나 (2) 흥미나 즐거움의 상실이어야 한다.
　　주의점: 명백한 다른 의학적 상태로 인한 증상은 포함되지 않아야 한다.

　　1. 하루 중 대부분 그리고 거의 매일 지속되는 우울 기분에 대해 주관적으로 보고(예: 슬픔, 공허감 또는 절망감)하거나 객관적으로 관찰됨(예: 눈물을 흘림) (주의점: 아동-청소년의 경우는 과민한 기분으로 나타나기도 함)
　　2. 거의 매일, 하루 중 대부분, 거의 또는 모든 일상 활동에 대해 흥미나 즐거움이 뚜렷하게 저하됨
　　3. 체중조절을 하고 있지 않은 상태에서 의미 있는 체중의 감소(예: 1개월 동안 5% 이상의 체중 변화)나 체중의 증가, 거의 매일 나타나는 식욕의 감소나 증거가 있음(주의점: 아동에서는 체중 증가가 기대치에 미달되는 경우)
　　4. 거의 매일 나타나는 불면이나 과수면
　　5. 거의 매일 나타나는 정신운동 초조나 지연(객관적으로 관찰 가능함. 단지 주관적인 좌불안석 또는 처지는 느낌뿐만이 아님)
　　6. 거의 매일 나타나는 피로나 활력의 상실
　　7. 거의 매일 무가치감 또는 과도하거나 부적절한 죄책감(망상적일 수도 있는)을 느낌(단순히 병이 있다는 데 대한 자책감이나 죄책감이 아님)
　　8. 거의 매일 나타나는 사고력이나 집중력의 감소 또는 우유부단함(주관적인 호소나 객관적인 관찰 가능함)
　　9. 반복적인 죽음에 대한 생각(단지 죽음에 대한 두려움이 아닌), 구체적인 계획 없이 반복되는 자살 사고, 또는 자살 시도나 자살 수행에 대한 구체적인 계획

B. 증상이 사회적, 직업적, 또는 다른 중요한 기능 영역에서 임상적으로 현저한

고통이나 손상을 초래한다.

C. 삽화가 물질의 생리적 효과나 다른 의학적 상태로 인한 것이 아니다.
　주의점: 진단기준 A부터 C까지는 주요우울 삽화를 구성하고 있다.
　주의점: 중요한 상실(예: 사별, 재정적 파탄, 자연재해로 인한 상실, 심각한 질병이나 장애에 대한 반응으로 진단기준 A에 기술된 극도의 슬픔, 상실에 대한 반추, 불면, 식욕 저하, 그리고 체중의 감소가 나타날 수 있고, 이는 우울 삽화와 유사하다. 비록 그러한 증상이 이해될 만하고 상실에 대해 적절하다고 판단된다 할지라도 정상적인 상실 반응 동안에 주요우울 삽화가 존재한다면 이는 주의 깊게 다루어져야 한다. 이러한 결정을 하기 위해서는 개인의 과거력과 상실의 고통을 표현하는 각 문화적 특징을 근거로 한 임상적인 판단이 필요하다.)

D. 주요우울 삽화가 조현(정동장애, 조현병, 조현양상장애, 망상장애, 달리 명시된, 또는 명시되지 않는 조현병 스펙트럼 및 기타 정신병적 장애로 더 잘 설명되지 않는다.)

E. 조증 삽화 혹은 경조증 삽화가 존재한 적이 없다.
　주의점: 조증 유사 혹은 경조증 유사 삽화가 물질로 인한 것이거나 다른 의학적 상태의 직접적인 생리적 효과로 인한 경우라면 이 제외 기준을 적용하지 않는다.

3) 지속성 우울장애(기분저하증)
[Persistent Depressive Disorder(Dysthymia)]

진단기준   300.4(F34.1)

이 장애는 DSM-IV에서 정의된 만성 주요우울장애와 기분부전장애를 통합한 것이다.

A. 적어도 2년 동안 하루의 대부분 우울 기분이 있고, 우울 기분이 없는 날보다 있는 날이 더 많으며, 이는 주관적으로 보고하거나 객관적으로 관찰된다.
   주의점: 아동-청소년에서는 기분이 과민한 상태로 나타나기도 하며, 기간은 적어도 1년이 되어야 한다.

B. 우울 기간 동안 다음 두 가지(또는 그 이상)의 증상이 나타난다.

   1. 식욕 부진 또는 과식
   2. 불면 또는 과다수면
   3. 기력의 저하 또는 피로감
   4. 자존감 저하
   5. 집중력 감소 또는 우유부단
   6. 절망감

C. 장애가 있는 2년 동안(아동-청소년에서는 1년) 연속적으로 2개월 이상, 진단기준 A와 B의 증상이 존재하지 않았던 경우가 없었다.

D. 주요우울장애의 진단기준을 만족하는 증상이 2년간 지속적으로 나타날 수 있다.

E. 조증 삽화, 경조증 삽화가 없어야 하고, 순환성장애의 진단기준을 충족시키

지 않아야 한다.

F. 장애가 지속적인 조현정동장애, 조현병, 망상장애, 달리 명시된 또는 명시되지 않는 조현병 스펙트럼 및 기타 정신병적 장애와 겹쳐져서 나타나는 것이 아니다.

G. 증상이 물질(예: 남용약물, 치료 약물)의 생리적 효과나 다른 의학적 상태(예: 갑상선 기능저하증)로 인한 것이 아니다.

H. 증상이 사회적, 직업적, 또는 다른 중요한 기능 영역에서 임상적으로 현저한 고통이나 손상을 초래한다.
   주의점: 주요우울 삽화의 진단기준은 지속성 우울장애(기분저하증)에는 없는 네 가지 증상이 포함되어 있기 때문에 극소수가 2년 이상 지속되는 우울 증상들을 가지게 되며, 지속성 우울장애의 진단기준을 만족하지 못한다. 만약 질환의 현 삽화 기간 동안 어느 시점에서든 주요우울장애의 진단기준을 모두 만족한다면 주요우울장애로 진단해야 한다. 그러나 만약 그렇지 않다면 달리 명시된 우울장애 또는 명시되지 않는 우울장애를 진단할 수 있는 근거가 된다.

8. 양극성 및 관련 장애(Bipolar and Related Disorders)

1) 조증(Mania)

진단기준

A. 비정상적으로 고조되거나 과대하거나 과민한 기분과 비정상적으로 증가된 목표 지향적 활동이나 에너지가 최소한 일주일 이상 거의 매일, 하루 종일 지속되는 기간이 분명하다(입원이 필요한 정도의 증상이 나타날 경우에는 기간에 상관없다).

B. 기분장애와 증가된 에너지와 활동이 나타나는 기간 동안 다음 증상들 중 세 가지(기분이 과민한 상태인 경우에는 네 가지)가 심각할 정도로 나타나며, 평상시의 행동과는 눈에 띄게 다른 행동이 나타난다.

1. 고조된 자존감과 과장
2. 수면에 대한 욕구 감소(예: 3시간의 수면으로 충분한 휴식을 취했다고 느낌)
3. 평소보다 말을 많이 하거나 계속 말을 해야 할 것 같은 압박감
4. 사고의 비약 또는 사고가 연달아 일어나는 주관적인 경험
5. 보고되거나 관찰된 주의산만(예: 중요하지 않거나 관계없는 외적 자극에 너무 쉽게 주의를 기울임)
6. 목표 지향적 활동의 증가(직장이나 학교에서의 사회적 활동 또는 성적인 활동) 또는 정신운동성 초조(예: 목적 없는 활동)
7. 고통스러운 결과를 초래할 가능성이 높은 활동에 지나치게 몰두(예: 흥청망청 물건 사기, 무분별한 성행위 또는 어리석은 사업투자)

C. 사회적 또는 직업적 기능에 현저한 손상을 초래하거나 자신이나 타인에게 해를 입히는 것을 방지하기 위해 입원을 시켜야 할 만큼 기분장애가 충분히 심각하거나 정신증적 양상이 동반된다.

D. 이러한 삽화가 어떤 약물(예: 약물남용, 투약, 기타 치료)이나 다른 의학적 상태의 생리적 효과에 기인하지 않는다.

　주의: 조증 삽화로 진단되기 위해서는 진단기준 A~D를 충족해야 하며, 양극성 Ⅰ 장애로 진단되기 위해서는 최소한 한 번 이상의 조증 삽화가 있어야 한다.

2) 경조증(Hypomania)

진단기준

A. 비정상적으로 고조되거나 과대하거나 과민한 기분과 비정상적으로 증가된 활동이나 에너지가 최소한 4일 연속 거의 매일, 하루 종일 지속되는 기간이 분명하다.

B. 기분장애와 증가된 에너지와 활동이 나타나는 기간 동안 다음 증상들 중 세 가지(기분이 과민한 상태인 경우에는 네 가지)가 심각할 정도로 나타나며, 평상시의 행동과는 눈에 띄게 다른 행동이 나타난다.

  1. 고조된 자존감과 과장
  2. 수면에 대한 욕구 감소(예: 3시간의 수면으로 충분한 휴식을 취했다고 느낌)
  3. 평소보다 말을 많이 하거나 계속 말을 해야 할 것 같은 압박감
  4. 사고의 비약 또는 사고가 연달아 일어나는 주관적인 경험
  5. 보고되거나 관찰된 주의산만(예: 중요하지 않거나 관계없는 외적 자극에 너무 쉽게 주의를 기울임)
  6. 목표 지향적 활동의 증가(직장이나 학교에서의 사회적 활동 또는 성적인 활동) 또는 정신운동성 초조(예: 목적 없는 활동)
  7. 고통스러운 결과를 초래할 가능성이 높은 활동에 지나치게 몰두(예: 흥청망청 물건 사기, 무분별한 성행위 또는 어리석은 사업 투자)

C. 삽화는 증상이 없을 때의 개인의 특성과는 명백히 다른 기능 변화를 동반한다.

D. 기분의 장애와 기능의 변화가 타인들에 의해 관찰될 수 있다.

E. 삽화가 사회적, 직업적 기능에 현저한 장애를 일으키거나 입원이 필요할 정도로 심각하지 않고 정신증적 양상도 동반되지 않는다.

F. 이러한 삽화가 어떤 약물(예: 약물남용, 투약, 기타 치료)이나 다른 의학적 상태
   의 생리적 효과에 기인하지 않는다.

3) 주요우울(Major Depressive Disorder)

진단기준

A. 다음의 증상 가운데 다섯 가지(또는 그 이상)의 증상이 2주 연속으로 지속되며 이전의 기능 상태와 비교할 때 변화를 보이는 경우, 증상 가운데 적어도 하나는 (1) 우울 기분이거나 (2) 흥미나 즐거움의 상실이어야 한다.

1. 하루 중 대부분, 그리고 거의 매일 지속되는 우울 기분이 주관적인 보고(예: 슬픔, 공허감 또는 절망감)나 객관적인 관찰(예: 울 것 같은 표정)에서 드러남(주의점: 아동, 청소년의 경우는 과민한 기분으로 나타남)

2. 거의 매일, 하루 중 대부분, 거의 또는 모든 일상 활동에 대해 흥미나 즐거움이 뚜렷하게 저하됨

3. 체중조절을 하고 있지 않은 상태에서 의미 있는 체중의 감소(예: 1개월 동안 5% 이상의 체중 변화)나 체중의 증가, 거의 매일 나타나는 식욕의 감소나 증가가 있음(주의점: 아동에서는 체중 증가가 기대치에 미달되는 경우)

4. 거의 매일 나타나는 불면이나 과다수면

5. 거의 매일 나타나는 정신운동 초조나 지연(객관적으로 관찰 가능함, 단지 주관적인 좌불안석 또는 처지는 느낌만이 아님)

6. 거의 매일 나타나는 피로나 활력의 상실

7. 거의 매일 무가치감 또는 과도하거나 부적절한 죄책감(망상적일 수도 있는)을 느낌(단순히 병이 있다는 데 대한 자책감이나 죄책감이 아님)

8. 거의 매일 나타나는 사고력이나 집중력의 감소 또는 우유부단함(주관적으로 호소하거나 객관적으로 관찰 가능함)

9. 반복적인 죽음에 대한 생각(단지 죽음에 대한 두려움이 아닌), 구체적인 계획 없이 반복되는 자살 사고, 또는 자살 시도나 자살 수행에 대한 구체적인 계획

B. 증상이 사회적, 직업적 또는 다른 중요한 기능 영역에서 임상적으로 현저한 고통이나 손상을 초래한다.

C. 삽화가 물질의 생리적 효과나 다른 의학적 상태로 기인한 것은 아니다.

9. 파괴적, 충동조절 및 품행장애
(Disruptive, Impulse-Control, and Conduct Disorders)

1) 품행장애(Conduct Disorder)

진단기준

A. 연령에 적합한 주된 사회적 규범 및 규칙 또한 다른 사람의 권리를 위반하는 행동을 반복적이고 지속적으로 보이며, 아래의 항목 중에서 세 가지 이상을 12개월 동안 보이고 그중에서 적어도 한 항목을 6개월 동안 지속적으로 보인다.

사람과 동물에 대한 공격성
1. 다른 사람을 괴롭히거나 위협하거나 협박한다.
2. 신체적 싸움을 먼저 시도한다.
3. 다른 사람에게 심각한 신체적 손상을 입힐 수 있는 무기(예: 방망이, 벽돌, 깨진 병, 칼, 총 등)를 사용한다.
4. 사람에 대해 신체적으로 잔인한 행동을 한다.
5. 동물에 대해 신체적으로 잔인한 행동을 한다.
6. 강도, 약탈 등과 같이 피해자가 있는 상황에서 강탈을 한다.
7. 성적인 행동을 강요한다.

재산/기물 파괴
8. 심각한 손상을 입히고자 의도적으로 방화한다.
9. 다른 사람의 재산을 방화 이외의 방법으로 의도적으로 파괴한다.

사기 또는 절도
10. 다른 사람의 집, 건물, 차에 무단으로 침입한다.

11. 사물이나 호의를 얻기 위해 또는 의무를 회피하기 위해 자주 거짓말을 한다.

12. 피해자가 없는 상황에서 물건을 훔친다.

심각한 규칙 위반

13. 부모의 금지에도 불구하고 밤늦게까지 자주 집에 들어오지 않는다. 이러한 행동이 13세 이전부터 시작되었다.

14. 부모와 함께 사는 동안에 적어도 두 번 이상 밤늦게 까지 들어오지 않고 가출한다(또는 장기간 집에 돌아오지 않는 가출을 1회 이상 한다).

15. 학교에 자주 무단결석을 하며 이러한 행동이 13세 이전부터 시작되었다.

B. 행동의 장애가 사회적, 학업적, 직업적 기능수행에 임상적으로 심각한 장애를 초래한다.

C. 18세 이상의 경우, 반사회적 인격장애(antisocial personality disorder)의 준거에 부합하지 않아야 한다.

2) 적대적 반항장애(Oppositional Defiant Disorder)

진단기준   313.81(F91.3)

A. 화난 민감한 기분, 시비를 걸거나 반항하는 행동, 보복적인 행동이 최소 6개
  월간 지속되고, 형제가 아닌 다른 사람 1인 이상과의 상호작용에서 다음 항
  목 중 적어도 네 가지 증후를 보인다.

화난 민감한 기분
1. 자주 화를 낸다.
2. 자주 다른 사람에 의해 쉽게 기분이 상하거나 신경질을 부린다(짜증을 낸다).
3. 자주 화를 내고 쉽게 화를 낸다.

시비를 걸거나 반항하는 행동
4. 권위적인 사람 또는 성인과 자주 말싸움(논쟁)을 한다.
5. 권위적인 사람의 요구에 응하거나 규칙 따르기를 거절 또는 무시하는 행동을 자주 보인다.
6. 의도적으로 다른 사람을 자주 괴롭힌다.
7. 자신의 실수나 비행을 다른 사람의 탓으로 자주 돌린다.

보복적인 행동
8. 지난 6개월간 두 차례 이상 다른 사람에게 악의에 차 있거나 보복적인 행동을 한 적이 있다.
  비고: 행동의 지속성과 빈도에 따라 장애의 증후적인 행동과 정상적인 제한
  내에서의 행동을 구별해야 한다. 5세 이하의 아동을 대상으로 적용할 때에
  는 최소한 6개월 동안 일주일에 적어도 한 차례 나타나야 준거에 부합하는
  것이다. 이러한 빈도 준거는 증후를 판별하는 데 적용할 수 있는 최소한의
  빈도 수준으로, 행동의 빈도와 강도는 개인의 발달수준, 성별, 문화별로 수
  용될 수 있는 수준이 다름을 감안해야 한다.

(1) 행동의 장애가 개인의 사회적 맥락(예: 가정, 또래집단, 직장 동료)에서 개인 또는 다른 사람에게 고통을 주는 것과 관련이 있거나 사회적, 학업적, 직업적 또는 다른 중요한 기능수행 영역에 부정적인 영향을 미친다.

(2) 행동이 정신병적 장애, 물질사용장애, 우울장애, 양극성장애에 의해 주로 나타나는 것이 아니다. 또한 준거는 파괴적 기분조절장애(disruptive mood dysregulation disorder)에 부합되지 않는다.

장애 정도

경도: 증후가 단지 한 상황에서만 나타난다(예: 가정에서, 학교에서, 일터에서, 또는 또래와의 관계에서).

중등도: 일부 증후가 최소 두 가지 상황에서 나타난다.

중도: 일부 증후가 세 가지 이상의 상황에서 나타난다.

10. ADHD(Attention-Deficit/Hyperactivity Disorder)

진단기준   314.01

A. 기능 또는 발달을 저해하는 지속적인 부주의 및 과잉행동-충동성이 (1) 그
리고/또는 (2)의 특징을 갖는다.

1. 부주의: 다음 9개 증상 가운데 6개 이상이 적어도 6개월 동안 발달수준에 적합하지 않고
사회적, 학업적/직업적 활동에 직접적으로 부정적인 영향을 미칠 정도로 지속됨
주의점: 이러한 증상은 단지 반항적 행동, 적대감 또는 과제나 지시 이해의
실패로 인한 양상이 아니어야 한다. 후기 청소년이나 성인(17세 이상)의 경우
에는 적어도 다섯 가지의 증상을 만족해야 한다.

a. 종종 세부적인 면에 대해 면밀한 주의를 기울이지 못하거나, 학업, 직업 또는 다른 활동
에서 부주의한 실수를 저지름(예: 세부적인 것을 못 보고 넘어가거나 놓침, 작업이 부정확함)

b. 종종 과제를 하거나 놀이를 할 때 지속적으로 주의집중을 할 수 없음(예: 강의, 대화 또는
긴 글을 읽을 때 계속해서 집중하기가 어려움)

c. 종종 다른 사람이 직접 말을 할 때 경청하지 않은 것처럼 보임(예: 명백하게 주의집중을 방
해하는 것이 없는데도 마음이 다른 곳에 있는 것처럼 보임)

d. 종종 지시를 완수하지 못하고, 학업, 잡일 또는 작업장에서의 임무를 수행하지 못함
(예: 과제를 시작하지만 빨리 주의를 잃고 쉽게 곁길로 샘)

e. 종종 과제와 활동을 체계화하는 데 어려움이 있음(예: 순차적인 과제를 처리하는 데 어려
움, 물건이나 소지품을 정리하는 데 어려움, 지저분하고 체계적이지 못한 작업, 시간 관리를 잘하
지 못함, 마감 시간을 맞추지 못함)

f. 종종 지속적인 정신적 노력을 요구하는 과제에 참여하기를 기피하고, 싫어하거나 저
항함(예: 학업 또는 숙제, 후기 청소년이나 성인의 경우에는 보고서 준비하기, 서류 작성하기, 긴
서류 검토하기)

g. 과제나 활동에 꼭 필요한 물건들(예: 학습과제, 연필, 책, 도구, 지갑, 열쇠, 서류 작업, 안경,
휴대전화)을 자주 잃어버림

h. 종종 외부 자극(후기 성인의 경우에는 관련이 없는 생각들이 포함될 수 있음)에 의해 쉽게 산만해짐

i. 종종 일상적인 활동을 잊어버림(예: 잡일하기, 심부름하기, 후기 청소년과 성인의 경우에는 전화 회답하기, 청구서 지불하기, 약속 지키기)

2. 과잉행동-충동성: 다음 9개 증상 가운데 6개 이상이 적어도 6개월 동안 발달수준에 적합하지 않고 사회적, 학업적/직업적 활동에 직접적으로 부정적인 영향을 미칠 정도로 지속됨

주의점: 이러한 증상은 단지 반항적 행동, 적대감 또는 과제나 지시 이해의 실패로 인한 양상이 아니어야 한다. 후기 청소년이나 성인(17세 이상)의 경우 적어도 다섯 가지 증상을 만족해야 한다.

a. 종종 손발을 만지작거리며 가만두지 못하거나 의자에 앉아서도 몸을 꿈틀거림

b. 종종 앉아 있도록 요구되는 교실이나 다른 상황에서 자리를 떠남(예: 교실이나 사무실 또는 다른 업무 현장, 또는 자리를 지키는 게 요구되는 상황에서 자리를 이탈함)

c. 종종 부적절하게 지나치게 뛰어다니거나 기어오름(주의점: 청소년 또는 성인에서는 주관적으로 좌불안석을 경험하는 것에 국한될 수 있다.)

d. 종종 조용히 여가활동에 참여하지 못함

e. 종종 '끊임없이 활동하거나' 마치 '태엽 풀린 자동차처럼' 행동함(예: 음식점이나 회의실에서 장시간 동안 가만히 있을 수 없거나 불편함. 다른 사람에게 가만히 있지 못하는 것처럼 보이거나 가만히 있기가 어려워 보일 수 있음)

f. 종종 지나치게 수다스럽게 말함

g. 종종 질문이 끝나기 전에 성급하게 대답함(예: 다른 사람의 말을 가로챔, 대화 시 자신의 차례를 기다리지 못함)

h. 종종 자신의 차례를 기다리지 못함(줄 서 있는 동안)

i. 종종 다른 사람의 물건을 사용하기도 함. 청소년이나 성인의 경우 다른 사람이 하는 일을 침해하거나 꿰찰 수 있음

B. 몇 가지의 부주의 또는 과잉행동-충동성 증상이 12세 이전에 나타난다.

C. 몇 가지의 부주의 또는 과잉행동-충동성 증상이 두 가지 또는 그 이상의 환
　경에서 존재한다(예: 가정, 학교나 직장, 친구들 또는 친척들과의 관계, 다른 활동
　에서).

D. 증상이 사회적-학업적 또는 직업적 기능의 질을 방해하거나 감소시킨다는
　명확한 증거가 있다.

E. 증상이 조현병 또는 기타 정신병적 장애의 경과 중에만 발생되지는 않으며,
　다른 정신질환(예: 기분장애, 불안장애, 해리장애, 성격장애, 물질중독 또는 금단)
　으로 더 잘 설명되지 않는다.

11. 기타-PBL 활동

1) 신체증상장애

● 신체증상장애에 대하여 들어 보셨나요? 마음이 아프면 실제로 몸도 아프다고 하지요.

1. DSM-5 기준을 찾아봅시다.

  1) 팀 구성하기

  2) 역할 나누기

  3) 내용 탐색하기

  4) 매체에서 사례 찾기

  5) 토의하기

  6) 내린 결론 구성하기

  7) 성과 나누기(PPT 구성, 텍스트 자료 만들기)

2) 자살

● 자살에 대하여 들어 보셨나요? 탐색하고, 보호요인을 찾아봅시다.

1. DSM-5 기준을 찾아봅시다.

    1) 팀 구성하기

    2) 역할 나누기

    3) 내용 탐색하기

    4) 매체에서 사례 찾기

    5) 토의하기

    6) 내린 결론 구성하기

    7) 성과 나누기(PPT 구성, 텍스트 자료 만들기)

3) 화병

● 화병에 대하여 들어 보셨나요? 탐색하고, 화를 다스리는 방법을 찾아봅시다.

  1. DSM-5 기준을 찾아봅시다.

    1) 팀 구성하기

    2) 역할 나누기

    3) 내용 탐색하기

    4) 매체에서 사례 찾기

    5) 토의하기

    6) 내린 결론 구성하기

    7) 성과 나누기(PPT 구성, 텍스트 자료 만들기)

4) 아동학대

● 아동학대 대하여 들어 보셨나요? 폭력, 방임, 유기, 거부 등을 포함하여 탐색합시다.

1. DSM-5 기준을 찾아봅시다.

    1) 팀 구성하기

    2) 역할 나누기

    3) 내용 탐색하기

    4) 매체에서 사례 찾기

    5) 토의하기

    6) 내린 결론 구성하기

    7) 성과 나누기(PPT 구성, 텍스트 자료 만들기)

권준수, 김재진, 남궁기, 박원명, 신민섭, 유범희, 윤진상, 이상익, 이승환, 이영식, 이헌정, 임효
덕 역(2015). 정신질환의 진단 및 통계 편람(제5판). 서울: 학지사.

김미리혜(1996). 두통을 알면 상쾌한 하루가 보인다. 서울: 퇴설당.

김상섭(2016). 특수교육심리학. 서울: 시그마프레스.

김수경, 윤현숙(2009). 읽기과제에서 시간 경과에 따른 주의력 결핍 과잉행동장애 아동의 뇌파
변화. 유아특수교육연구, 9(3), 83-101.

김은영, 이소현, 유은영, 송신영(2007). 장애영유아 통합교육 및 통합보육 내실화 방안연구. 서울: 육
아정책개발센터.

김진경(2007). 동영상 활동스케줄이 자폐범주성 아동의 자발성 향상에 미치는 효과. 연세대학
교 대학원 박사학위논문.

김진희, 김건희 역(2011). 가족기반의 실제 -특별한 영유아 모노그래프 시리즈 5호-. 서울: 학지사.

노안영(2002). 101가지 주제로 알아보는 상담심리. 서울: 학지사.

노충래 역(2003). 학대와 방임 피해 아동의 치료-0세에서 18세까지-. 서울: 학지사.

단국대학교 특수교육연구소 편(1992). 사례연구방법. 서울: 특수교육.

류정혁(1990). 뇌성마비 아동의 일상생활 활동 및 사회적 지지에 따른 어머니의 스트레스와 대
처 행동에 관한 연구. 이화여자대학교 교육대학원 석사학위논문.

방명애, 이효신 역(2007). 유아기 정서 및 행동장애. 서울: 시그마프레스.

법제처(2019). 장애인 등에 대한 특수교육법. 법제처.

양명희, 황명숙 역(2007). 얘들아! 천천히 행동하고 주의집중하는 것을 배워 보자. 서울: 학지사.

윤현숙 역(2005). 발달장애 영유아를 위한 말 가르치기. 서울: 정담미디어.

윤현숙(1991). 반응성애착장애의 발달 및 병리특성에 관한 일 연구. 이화여자대학교 교육대학원 석사학위논문.

윤현숙(1998). 계열화된 사진앨범을 이용한 자기관리중재가 자폐아동의 자립적인 일상생활행동에 미치는 효과에 대한 연구. 이화여자대학교 교육대학원 석사학위논문.

윤현숙(2000). 자폐성장애의 조기발견을 위한 부모용 행동지표개발. 연세대학교 대학원 박사학위논문.

윤현숙(2006). 선택하기 기법이 자폐중학생의 여가기술 과제수행 및 과제이탈에 미치는 영향. 대한작업치료학회지, 14(2), 27-38.

윤현숙(2008). 고확률 기법을 통한 구조훈련이 고기능 자폐아동의 과제수행 및 문제행동에 미치는 효과. 인문논총, 13, 57-78.

윤현숙(2010). 자폐성장애의 조기판별을 위한 부모용 행동지표의 효용성–CHAT 검사를 중심으로. 유아특수교육연구, 10(1), 107-120.

윤현숙(2011). 고반응 요구전략을 통한 구조화된 자료제시가 고기능 자폐성 장애아동의 과제집중행동 및 문제행동에 미치는 효과. 자폐성장애연구, 11(3), 115-130.

윤현숙, 곽금주(2004). 친숙한 사진을 활용한 AAC 중재가 자폐아의 활동 선택하기 및 언어발달, 문제행동감소에 미치는 효과. 인간발달연구, 11(2), 41-58.

윤현숙, 곽금주(2006). 부모직접교수가 자폐성영아의 지시 따르기 및 문제행동, 부모의 양육행동에 미치는 효과. 인간발달연구, 13(2), 37-54.

윤현숙, 윤선영(2014). 3단계 지시 따르기에 의한 수용언어촉진이 아스퍼거 아동의 반응 시간에 미치는 효과. 한국융합학회논문지, 5(4), 137-146.

윤현숙, 장기연 역(2003). 재활치료사(작업, 심리, 언어, 특수교육, 행동수정)를 위한 놀이 작업치료. 서울: 정담미디어.

윤현숙, 정보인(2002). 자폐성장애의 조기발견을 위한 부모용 행동지표 개발. 정서행동장애연구, 17(3), 25-55.

윤현숙, 조경자, 김수희(2004). 비디오피드백 부모교육이 자폐장애아의 언어 및 상호작용에 미치는 효과. 대한재활의학회지, 28(1), 31-40.

윤현숙, 최진숙, 김태련, 홍강의(1992). 반응성 애착장애 아동과 전반적 발달장애 아동의 발달 및 정신병리학적 특징의 비교연구. 소아청소년 정신의학, 3(1), 3-13.

이성봉, 방명애, 김은경, 박지연(2014). 정서 및 행동장애. 서울: 학지사.

이소현, 박은혜, 김영태(2000). 교육 및 임상현장 적용을 위한 단일대상연구. 서울: 학지사.

이정윤, 박중규 역(2002). 불안하고 걱정 많은 아이, 어떻게 도와줄까?. 서울: 시그마프레스.

이주현 역(2016). 자폐증 · 아스퍼거 증후군 아동을 위한 사회성 이야기 158. 서울: 학지사.

임윤정, 유은영, 윤현숙, 정민예(2008). 자폐범주성 아동의 적응행동과 감각처리 요인과의 상관 관계. 정서행동장애연구, 24(1), 111-131.

장서경, 윤현숙(2012). 비디오프롬팅을 활용한 중재가 저기능 자폐성장애 고등학생의 조립작업 에 미치는 영향. 자폐성장애연구, 12(2), 59-77.

정보인(2011). 동영상으로 보는 응용행동분석 치료−중증 장애 아동 치료 사례집−. 강원: 청람.

정보인, 윤현숙(2000). 0~5세 발달단계별 놀이프로그램. 서울: 교육과학사.

정보인, 윤현숙(2005). The Effect of Stop Request Compliance of Children with Autism to Instructional Requests in the Regular Classroom. 정서행동장애연구, 21(2), 19-37.

정보인, 윤현숙, 유은영(2001). 중증정신지체 아동에 있어서 강화제 술래잡기 게임이 과제수행 향상에 미치는 영향. 보건과학논집, 11, 23-28.

정보인, 홍강의, 이상복(1998). 자폐아 조기치료 · 교육용: 학습교재. 서울: 특수교육.

정유진, 윤현숙(2014). 자폐성장애아동의 의사소통 기술 향상에 관한 단일대상연구의 문헌분 석. 특수교육, 13(1), 219-244.

조복희, 도현심, 유가효(2010). 인간발달. 경기: 교문사.

조현근(2013). 장애영유아 가족지원을 위한 개별화가족지원계획(IFSP) 적용 탐색연구. 단국대 학교 대학원 박사학위논문.

주영희(1997). 즉각반향어의 기능적 활용이 자폐아동의 변별과제 습득 및 일반화에 미치는 효 과 연구. 이화여자대학교 대학원 석사학위논문.

최미영, 윤현숙(2011). 자폐성장애아동의 통합교육에 대한 예비초등교사의 인식. 자폐성장애연 구, 11(2), 77-95.

최병휘 역(2006). 사회불안증의 인지행동치료. 서울: 시그마프레스.

최진희, 김은경, 윤현숙, 이인순, 이정숙 역(1996). 장애유아를 위한 캐롤라이나 교육과정. 서울: 대한사회복지개발원.

하가영(2000). 기능적 읽기활동을 통한 AAC 훈련이 비구어 뇌성마비 아동의 의사소통 능력에 미치는 습득 및 일반화 효과. 이화여자대학교 대학원 석사학위논문.

하혜숙, 김태호, 김인규, 이호준, 임은미 역(2011). 다문화 상담 -이론과 실제-. 서울: 학지사.

한국영아발달조기개입협회(2018). 한국장애 및 위험군 영아의 현황, 문제점 및 조기개입방안. 서울.

한국영유아아동정신건강학회(2015). 영유아 자폐성장애의 조기선별에 관한 다학문적 이해. 서울.

한국특수아동조기교육연구회(2005). 한일 조기 발달지원 10년의 실천과 과제. 서울.

Halliwell, M. (2003). *Supporting Children with Special Educational Needs*. David Fulton Publishers: UK.

Howard, V. F., Williams, B. F., Port, P. D., & Lepper, C. (2001). *Very Young Children with Special Needs*. Merrill Prentice Hall: NY.

찾아보기

저자 소개

윤현숙_Yoon Hyeon Sook

이화여자대학교 특수교육과를 졸업하고, 동 대학 교육대학원에서 「반응성애착장애와 자폐장애의 발달 및 병리에 대한 차이 연구」로 석사학위를 취득하고, 서울대학병원 소아정신과 주간치료실 특수교사를 역임하였다. 10여 년간 서울아동발달임상연구소에서 실제 정서행동장애, 자폐성장애 아동의 조기개입, 장애 청소년 교육, 부모교육 등에 매진하였다. 2000년 연세대학교 재활학과에서 '자폐성장애 조기개입을 위한 부모용 행동지표'를 개발하여 박사학위를 취득하였고, 서울대학교 심리학과에서 박사 후 과정을 통해 각종 심리검사 개발과정과 가족지원을 위한 프로그램 개발 등에 참여하였다. 저서 및 역서로는 『발달장애 영유아를 위한 말 가르치기』, 『0~5세 발달단계별 놀이』, 『놀이작업치료』, 『특수교육개론』 등이 있으며, 장애 영유아를 위한 개입 및 중재기술을 주제로 연구 활동을 진행하고 있다.

2005년 3월 건양대학교 특수교육과 강단에 선 이후 2019년 현재까지 특수교육의 심리학적 기초, 정서행동장애, 자폐성장애, 긍정적 행동지원, 의사소통장애, 특수아상담 및 가족지원, 특수교육과 관련서비스를 가르치고 있다. 최근에는 아동보육학과의 정서행동장애, 연계전공의 장애의 이해 등의 강의를 통해 정서행동장애 및 자폐성장애의 조기발견 및 조기개입, 통합교육, 통합보육 등을 강조하고 있다.

교내 봉사로는 각종 대학평가 등에 참여하였고, 건양대학교 중등특수교육과 학과장, 장애학생지원센터장, 국제교육원장 등의 보직을 통해 봉사하고 있다. 〈우리 아이가 달라졌어요〉(SBS TV), 〈감성교육〉(EBS TV), 〈내일은 푸른 하늘〉(KBS 제3라디오) 등에 출연하여 자폐장애, 조기개입 등을 알리고 장애인식 개선, 가족지원 등 재능기부 활동에 힘쓰고 있다.

매주 하루! 체험활동을 통한

정서행동장애 조기개입

Early Intervention for Children
with Emotional & Behavioral Disabilities

2020년 1월 6일 1판 1쇄 인쇄
2020년 1월 15일 1판 1쇄 발행

지은이 • 윤현숙
펴낸이 • 김진환
펴낸곳 • (주) **학지사**

　　　04031 서울특별시 마포구 양화로 15길 20 마인드월드빌딩
대표전화 • 02)330-5114　　　팩스 • 02)324-2345
등록번호 • 제313-2006-000265호

홈페이지 • http://www.hakjisa.co.kr
페이스북 • https://www.facebook.com/hakjisabook

ISBN 978-89-997-1985-1 93370

정가 17,000원

이 도서의 국립중앙도서관 출판시도서목록(CIP)은 서지정보유통지
원시스템 홈페이지(http://seoji.nl.go.kr)와 국가자료공동목록시스템
(http://www.nl.go.kr/kolisnet)에서 이용하실 수 있습니다.
(CIP 제어번호: CIP2019047873)

출판 · 교육 · 미디어기업 **학지사**

간호보건의학출판 **학지사메디컬** www.hakjisamd.co.kr
심리검사연구소 **인싸이트** www.inpsyt.co.kr
학술논문서비스 **뉴논문** www.newnonmun.com
원격교육연수원 **카운피아** www.counpia.com